続 おいしい景色

坂田阿希子
皆川明

スイッチ・パブリッシング

はじめに

坂田阿希子

時折、読者の方から「本の中から料理を作ってみたら家族にとても好評でした」などとおたよりをいただくことがある。その時、そのテーブルにつくご家族のことや、その時間に流れる会話や空気のことを想像する。小さなお子さんのいる賑やかなテーブル。ご夫婦ふたりの静かで素敵な夜。それぞれの家庭の、食器の音や流れる音楽やざわめき。

わたし自身、いつも料理のそばには家族や友人、大切な人との時間や空気があり、先日もある料理を作った時に、忘れていた思い出がふっと湯気とともに浮かんできたりした。

そんなことを「おいしい景色」というのだろうか。


器の話、料理と出会った時の思い出の話、音楽や旅の話、そして食卓を囲んだ時間の話。

皆川さんとわたしの「おいしい景色」の話。

まだ出会ったことのない誰かのおいしい景色のために、この本が何かの役に立てたら嬉しく思います。

料理写真家　日置武晴氏に捧ぐ

目次

レシピについて

計量単位は、1カップ＝200㎖、大さじ1＝15㎖、小さじ1＝5㎖です。
オーブンなどの温度や調理時間は目安です。様子を見ながら加減してください。
「適量」はちょうど良い分量、「適宜」は好みで入れなくても良いという意味です。

エビフライ

紺野乃芙子さんのやちむんの皿

されどエビフライ

皆川明

僕はエビフライに対して懐かしさを感じることはあまりない。子供の頃に洋食屋さんや街のレストランに行って、ハンバーグやスパゲッティ、カレーライスなどの強豪メニューと競わせても、エビフライが勝つことはなかった。時折、ハンバーグのプレートに添えられているものを食べるくらいだったけれど、それもエビフライそのものよりも、タルタルソースがおいしいなぁと思っていた。昔の洋食屋さんで出るエビフライは冷凍のものだったのか、あまり素材の味がしないように感じていたからかもしれない。もちろん子供だから「素材の味がしないなぁ」なんて偉そうな感想を漏らすこともなく、ただ印象の薄いメニューとしての定位置にあった。そもそも胃がもたれやすかった僕は、フライや天ぷらを食べすぎると後悔するのが常だった。だから、坂田さんがエビフライを作ることには、期待があるようなないような、不思議な心持ちだった。

器には沖縄の作家、紺野乃芙子さんのものを選んでみた。紺野さんの器は、沖縄で「胃袋」というレストランをやっている関根麻子さんがお店で使っていて、海の珊瑚や砂地の模様を映したような表情がとても魅力的だったので、売っているお店を教えてもらって手に入れたものだった。

坂田さんはやっぱり海老を生で仕入れて用意していた。やっぱりと思わせる坂田さんの筋の通った姿勢は、いつも崩れることはない。それは「そのようにしたい」という気持ちよりもっと自然で強い気持ちの「そうしないではいられない」という心境なのだろう。完成したエビフライは、水泳の飛び込み選手のようにきれいに背を丸めて揚がっていて、今にもサクサクと音が聞こえてきそうだ。イタリアの海沿いで食べるものより褐色で、全体がきれいに衣を着ているのが日本のエビフライらしく見える。食べてみると、タルタルソースと衣のサクサクに絶妙な温度と食感の対比があり、その内側にある海老の身の弾力と、滲み出てくるほのかな甘みが口の中に広がって、味覚の層をしっかりと感じられた。本当はこうだったのか。大人になっていろんな場面で感じる〝本物と出会った時〟の合点のいく爽快感を、今回のエビフライでも体験できたことは僕にとって大きなことかもしれない。「たかがエビフライ、されどエビフライ」と心の中でつぶやいて、もう一つ食べたい気持ちをなぜか我慢した。

小海老のフライで軽やかに

坂田阿希子

　エビフライという言葉の響きがとても好きだ。大体にして洋食のメニューには、愛おしいような可愛らしさがある。コロッケ、グラタン、ビーフシチュー、ナポリタン、ハンバーグ……。この洋食メニューを口にした途端、幸せな空気が漂うような気さえする。だからわたしは洋食が好きだ。その響きからしてすべてが好きなのだ。なかでもエビフライというのは特に素敵な響きだ。エビフライ、エビフライ、エビフライ……。もしも大切な人と深刻な喧嘩をしてしまったなら、「今日はエビフライにする」と言って仲直りしたい。

　幼少時から家族で通い続けた洋食屋のエビフライは、それはそれは素晴らしかった。たぶん生の車海老を使っていたと思う。まっすぐに伸ばしてあり、決して大きいわけではないが、そこがいい。サクサクの熱々で軽やかなフライ。そこに寄り添うタルタルソースがいまだに忘れられない。ぽんと添えられたそれは、決してその形を崩さないような固さで海老に凛と寄り添う。

　このタルタルソースに近付けるには、水気の出る玉ねぎなどは入れないこと。そしてゆで卵の白身の水気をしっかり絞ること。ゆで卵の白身には意外と水気がある。細かく細かく刻んでキッチンペーパーに包んでぎゅっと絞ってみると、じんわりと水気が滲んできて、ぽたぽたと小さな雫の水が出てくる。同じように刻んだ後に水気を絞ったピクルスと合わせ、マヨネーズ、塩、白こしょう、ウスターソースの隠し味で調える。

　さて、いよいよエビフライ。まず海老を用意する。生の車海老なら言うことなし。もちろん冷凍だっていいし、手に入るもので構わない。大きな海老なら生パン粉をたっぷり付けてボリュームを持たせ、小さな海老なら細かいドライパン粉で揚げる。これがわたしのおすすめだ。今日は小さめの海老がおいしそうだったので、細かいパン粉でさっくりと揚げよう。海老は尻尾を残して殻をむき、お腹側にある筋に切り込みを入れると口当たりがよくなる。曲がりにくくなる効果もあるが、曲がった海老もまた好きなので浅めに入れる。尻尾には汚れや水気があるので包丁でしごいて取り除く。バットに並べて軽く塩、白こしょう。レモン汁を少々回しかけると生臭さがなくなってとてもいい。そうしたら薄く小麦粉をまぶし、溶き卵にくぐらせ、細かくしたパン粉を付けよう。細かいパン粉は、ドライパン粉をフードプロセッサーにかけるか、厚手の保存袋などに入れて麺棒でつぶしてもいい。

　さあ、揚げに入ろう。揚げ油にはラードを混ぜること。洋食の揚げ物ならラードは必須。さっくりと軽やかに揚がり、風味も断然よくなるので、騙されたと思ってお試しを。こんがりときれいなきつね色になったら油から上げて盛り付け、固めのタルタルとレモンを添えるだけ。あとは熱々を食べることが絶対だ。

　銀座のある洋食屋にふらりと入った日、お皿いっぱいに小さなエビフライを積み上げた皿が目の前を通った。目で追うと、おじさんがウイスキーの水割り片手にやっているではないか！　それを目撃してからのわたしは、すっかりエビフライは小海老派。そしてハイボールを合わせるのが鉄則となった。

RECIPE　エビフライ

材料（2人分）

海老（タイショウエビ、クマエビ、ブラックタイガーなど）…… 小さめのもの8尾
塩、白こしょう …… 少々
レモン汁 …… 少々
小麦粉 …… 適量
溶き卵 …… 適量
パン粉 …… 適量
揚げ油（サラダ油1：ラード1）…… 適量
タルタルソース（作りやすい分量）
　卵 …… 2個
　きゅうりのピクルス …… 大1本
　自家製マヨネーズ …… 大さじ5〜6
　ウスターソース …… 少々
　塩 …… 少々
　白こしょう …… 少々
　レモン …… 適宜

① 海老は尻尾を残して殻をむく。尻尾の先を切り落とし、汚れや水分を包丁の刃先でしごき出す。背中に浅めに切り目を入れてきれいに背わたを取り、腹の部分に斜めに切り込みを入れながらまっすぐにする。
② 軽く塩、白こしょうをしてレモン汁をふりかける。
③ 小麦粉をまぶし、余分な粉は落とす。溶き卵にくぐらせ、パン粉をつけて手で押さえる。大きな海老なら生パン粉をたっぷりと。小さな海老なら細かいドライパン粉がおすすめ。ドライパン粉をフードプロセッサーにかけるか、厚手の保存袋などに入れて麺棒でつぶして細かくする。
④ 170℃程度の揚げ油でこんがりと色づくまで揚げる。
⑤ タルタルソースを作る。卵は固ゆでにし、白身と黄身を分ける。黄身はスプーンなどでつぶす。白身は細かいみじん切りにしてからキッチンペーパーなどで水気を絞る。ピクルスは細かくみじん切りにし、白身と同様に水気を絞る。卵とピクルスを合わせ、自家製マヨネーズ、ウスターソース、塩、白こしょうで味を調える。
⑥ エビフライにタルタルソースをたっぷりと添える。お好みでレモンを盛り付けて。

自家製マヨネーズ
材料（作りやすい分量）

卵黄 …… 1個分
酢 …… 小さじ1
塩 …… 小さじ1/2
サラダ油（綿実油、米油など）…… 500cc
熱湯 …… 小さじ4
砂糖 …… ひとつまみ
白こしょう …… 少々

① ボウルに卵黄を溶きほぐし、酢、塩を加えて混ぜる。
② サラダ油を少しずつ細く垂らしながら泡立て器で一定方向に混ぜて乳化させていく。100ccほど加えたら熱湯を小さじ2杯ほど加え、さらに油を加えていく。100cc入ったらまた熱湯を小さじ2杯ほど加える。残りの油をさらに少しずつ加えて乳化させながら混ぜていく。
③ 最後に味をみて砂糖、白こしょうを加えて出来上がり。

PLATE　紺野乃芙子さんのやちむんの皿

沖縄で活動する陶芸家・紺野乃芙子の皿。山原《ヤンバル》の粘土など沖縄由来の原料で制作されている。釉薬はごく薄く施され、表面に描かれた凹凸模様から土の質感を感じることができる。

酸菜白肉鍋

安藤雅信さんの深い器

酸菜白肉鍋は食の親善大使

皆川明

　酸菜白肉鍋《スワンツァイパイロウグゥオ》という聞き慣れない料理を初めて食べたのは、坂田さんが友人との集まりで作ってくれた時だった。あまりのおいしさと、そのおいしさの秘密が何なのかわからなかったことが印象に残り、それからというもの寒い冬に時々坂田さんにリクエストして作ってもらっていた。ある時は、坂田さんが台湾から料理名の由来でもある発酵した白菜を飛行機で持ち帰って作ってくれたこともあった。おいしいものを食べるとつくづく人間の食への探求に驚かされるが、中でも発酵というものの発見と、その後の世界中における発酵文化の発展は、人類が誇れることのひとつではないだろうか。

　大きな話はこれくらいにして、この鍋の奥に広がる滋味深き味わいは、それぞれの食材が持つ長所が惜しみなくひとつの味わいへと向けられて生まれたものではないだろうか。食材一つひとつの味を、オーケストラの指揮者のように坂田さんは調えているのだろう。鍋料理というものはいろいろな具材を一緒に煮れば、それなりの出汁が出て、それなりの味になり、それなりにおいしい。でも〝それなり〟を〝特別〟にするには手順と手間と勘どころが必要だ。さらにその味をオリジナルなものにするには、料理人独自のアイデアや創造性が要るのだろう。それは服のデザインにも共通するところだ。坂田さんの酸菜白肉鍋は〝優しい味〟がする。つい〝隠し味は料理への愛情〟なんてベタな言葉が浮かんできてしまうが、ベタとはある意味真実でもある。口に含むと食材それぞれの味と、それらが合わさって生まれた全体としての味が口の中で響き合う。すごいなぁと感心するばかりだ。

そんな特別な酸菜白肉鍋を少しハレの器に盛り付けたいと思い、僕の大好きな安藤雅信さんの銀彩の深い器を選んでみた。銀彩は光を集めるので、立ち上る湯気と光がおいしさを引き立ててくれるだろうと思ったからだ。器の口に向かって少し広がりを持つ形も、下から湧き上がるような印象で美しい。やや厚めにかけられた銀の釉薬が垂れる様もやわらかな印象で、坂田さんの味と重なる。

この鍋はぜひ、日本のお鍋文化に取り入れてほしい。それぞれの家庭ごとに酸菜白肉鍋が作られていき、いつか日本人にとっても懐かしい家庭の味になる日が来るかもしれない。おいしいものは世界中にある。それらが国を渡って共有され、それぞれに発展していくことは、未来の人の暮らしをより豊かにしてくれるような気がする。

虜になる酸菜白肉鍋

坂田阿希子

ここ数年、台湾には何度となく足を運んできた。目的はなんといっても「食べること」。朝ごはんはあそこで豆漿《トウジャン》を食べ、お昼は客家《はっか》料理のあの店、おやつを2軒挟んで、そして夜は……と、一日に何軒もの店に行く。何度訪れてもその都度新鮮な発見があるのがいい。わたしにとって旅先の食べ物は、他の何よりもその国の文化を伝えてくれるものだ。

台湾の旅で、何があろうと絶対に食べ損なってはいけないと思っているのが、「酸菜白肉鍋」だ。発酵して酸っぱくなった白菜の漬物をこれでもかとスープに入れ、そこに肉や野菜などの具材をしゃぶしゃぶっとして食べる鍋。日本ではお鍋といえば冬の料理だが、年中温暖な台湾ではそれを一年中食べる。最初にこの鍋を食べた時、そのあまりの複雑なおいしさにすぐに虜になった。調味料を自分好みに調合して作るたれがまた最高なのだ。ねりごまをベースに、腐乳、黒酢、醤油、豆板醤などの辛い醤、にんにく、しょうが、香菜やねぎもたっぷりと混ぜ、お鍋のスープで少し薄めていただく。ああ、こうして書いていても、今すぐにでも食べたくなってしまう。そういう「やみつき」になるようなおいしさがある。この味を日本でもなんとかして楽しみたい。絶対作ってみたい！　そうして私流の酸菜白肉鍋が出来上がった。

重要なのは「酸菜」。酸っぱい白菜の漬物だ。これは自分で白菜を漬け、酸っぱくなるのをゆっくり待てばいい。でも明日にでも食べたい時は？　台湾ではどこの市場でもこの酸菜が売っているけれど、日本では？　あるではないか、比較的簡単に手に入る発酵漬物「ザワークラウト」の瓶詰めが。台湾でこの鍋を食べた時、どこかザワークラウトに似ていると思っていた。あとはスープのベースだ。とにかく丁寧にとろう。鶏ガラ2羽分、できれば首の付いたもの。流水で洗って血合いなどを掃除しておく。長ねぎの青いところ。しょうがの皮付き3、4枚。これらを鍋に入れ、かぶるくらいの水を入れる。強火にかけて沸騰させ、アクが出てきたら丁寧に取り除き、弱火で2時間程度煮る。途中水が少なくなるのでその都度少しずつ足す。そのあとペーパータオルなどで濾し、戻した干し椎茸、干し海老、干し貝柱を加える。これでベースは完成だ。お鍋に移してグツグツと沸かし、ザワークラウトをたっぷり加える。豚バラ肉やラム肉、牛肉、肉団子、好みの具材を用意する。わたしのおすすめの葉野菜はレタスとサラダ菜。さっとくぐらせてシャキッとさせるととってもおいしい。たれは先ほど挙げたいろいろを揃えて各自の好みで調合するのが楽しい。この味わいの素晴らしさは……とにかくもう、食べてもらうしかない。

思えば、皆川さんのお宅で初めて料理したのがこの鍋だった。共通の友人が訪れた夜で、わたし以外全員、この鍋を食べたことはないという。ずらりと並べたたれをそれぞれ楽しそうに自分の器に入れ、一口食べた時のみんなの顔を今でも思い出せる。ふふふふ。そうなんだ、これ本当においしいでしょう！

「おいしい」を共有できることって幸せだ。そして料理は人を繋げる。そんな思いを強くした夜だった。

RECIPE　酸菜白肉鍋

材料（4～6人分）

スープ

- 鶏ガラ……2羽分（できれば首付き）
- 長ねぎの青いところ……1本分
- しょうが（皮付きスライス）……3～4枚
- 干し椎茸……3～4枚
- 干し貝柱……2個
- 干し海老……大さじ2
- ザワークラウト……1瓶（約600g）（酸っぱくなった白菜の漬物でも可）
- 水……適量

具材

- 豚バラ肉……300～400g
- ラム肉薄切り……300～400g（その他、牛肉、肉団子、つみれなどお好みで）
- レタス……1個（その他、サラダ菜、青梗菜、タアサイ、豆苗などお好みで）

たれ

- ねりごま（當りごま）……適量
- 醤油、黒酢、腐乳……適量
- 豆板醤や唐辛子など……適宜
- 香菜、にんにく（すりおろし）、しょうが（すりおろし）、万能ねぎ（小口切り）などの薬味……適宜

① スープを作る。鶏ガラはさっと水洗いして血合いなどを掃除しておく。長ねぎの青いところ、しょうがと一緒に鍋に入れ、かぶるくらいの水を入れる。強火にかけて沸騰させ、アクが出てきたら丁寧に取り除く。弱火にして、1時間半から2時間ほど煮詰める。煮詰めている間に水が少なくなるので、その都度少しずつ足す。

② ペーパータオルなどで濾し、戻した干し椎茸、干し貝柱、干し海老を加える。

③ 鍋を再び火にかけ、汁気をしっかり切ったザワークラウトを加える。

④ 鍋のスープが沸騰してきたら、肉、野菜などの具材を入れる。

⑤ たれを各自の器でそれぞれの好みに調合する。ねりごま（當りごま）をベースに、醤油、黒酢、腐乳などを混ぜ、好みで豆板醤や唐辛子など辛みも加える。薬味もたっぷりと。

⑥ ④に火が通ったら、⑤にスープを少量加えて薄め、つけながらいただく。

PLATE　安藤雅信さんの深い器

岐阜県多治見市の陶作家・安藤雅信の、大きなカップのような形状の器。内側は全体に厚めに銀彩が施されている一方、外側は垂らすようにかけられた釉薬と素地との対比が楽しめる。

ミモザサラダ
岩田圭介さんのお皿

春の思い出とミモザサラダ

皆川明

ミモザは春の花の中でも特に好きな花だ。細かく弾ける泡のような表情と、蛍光イエローを少し淡くしたような色。葉はオリーブのそれにも少し似た、グリーンに白い影をまとったような色の、楕円に近いやわらかな形。愛らしく風に揺れるその姿は心を穏やかにくすぐるようだ。

そんな花の名前のついたサラダがあるのを知ったのは、坂田さんの料理教室で習った時だった。卵の黄身をミモザになぞらえて作るところに親しみが湧いた。坂田さんの料理の作り方をひと言でいうと〝手早く丁寧〟。楽しそうに話しながら手は止まらず手際が良い。それでいてその手つき、調合、タイミング、どれもがとても丁寧なことに驚く。迷いがなく、迷った時でさえ次の判断が早い。そんな坂田さんが作るミモザサラダは、その手際こそが大切な気がする。卵をミモザのようにパラパラに裏漉しする。ドレッシングのオリーブオイルとビネガーを撹拌して乳化させる。レタスを適度な大きさにちぎる。どの作業も体に馴染んだ動きが目に心地良く映る。

この日、用意した器は岩田圭介さんの緩い曲線の外縁を持った生成色のお皿だった。陽だまりが部屋に落ちたようなその形が僕は好きだったし、きっとこのサラダを受け止めるのに似合う気がした。こういう料理を盛る時にあらためて思うのは、その料理が連想させてくれる景色だ。蝶や蜂たちが舞っている光景や、木々からこぼれる陽の光を受け止めるミモザの花の様子や、体に手をそっと添えてくれるような暖かな春の風のこと。そんな景色をどこか感じさせてくれる器を選びたいと思う。

岩田圭介さんのお皿に出会ったのは、松本の三谷龍二さんが運営される10㎝というギャラリーだった。あの小さな佇まいのお店の中で、静かな陽だまりのようにあったお皿に、ふーっと引き込まれたのを今でも覚えている。ご縁で岩田ご夫妻と三谷ご夫妻とイタリアのボローニャを一緒に周ったこともあった。それもやっぱり暖かな陽気の春だった。ずっと好きだったジョルジョ・モランディの絵を見られたこと。カルロ・スカルパの建築を見たこと。世界を自由に行き来できていたことが今では何だか遠い昔のような気になってしまう。*

でも、このシンプルなサラダ一皿の中で僕は旅ができるような気がする。遠くの旅はできないけれど、一食一食、一皿一皿の中に景色を感じ、旅やひと時の思い出を回想しながら食べる料理は、心の旅をさせてくれるのだろう。

＊本稿は新型コロナウイルス流行下の2021年3月に執筆された

ドレッシングの秘密

坂田阿希子

わたしが洋食好きになったのは、大の洋食好きである父の影響だろう。父は若い頃から新しい洋食屋を見つけるたびに、一人ふらっと立ち寄っていたらしい。そんな父が通い続けたある一軒に、我が家はことあるごとに行った。その店の料理はなんでもすこぶるおいしくて、それを真似て母が家で同じようなメニューを作っては食卓に並んだ。わたしがいつも頭のどこかで追い続けている味というのは、この店の味。そして母の味。

特に思い出深いのは、コンビネーションサラダである。わたしも洋食屋にはよく立ち寄るが、サラダがおいしい！と思うお店は多くない。大抵はキャベツの千切りやレタスとトマト、きゅうりになんてことのないドレッシングがかかっていて、なんだかいつもがっかりしてしまうのだ。我が家が通ったその店のドレッシングは素晴らしかった。生野菜をあまり好まない父が、この店のサラダのレタスはバリバリと食べる。どんなふうに作るのかな、とずっと考えていた。そしてある日、ある小さな店でコンビネーションサラダを食べて、わたしはびっくりした。口にしたとたんに懐かしい気持ちが溢れてきて、思わず「あっ」と小さく叫んでしまったほどだった。帰り際に「サラダがおいしかった」と伝えると、ある秘伝を教えてくれた。家に帰ってすぐに試してみる。これだ！　そうして試作を繰り返し、このドレッシングはわたしの定番になった。

その秘伝とは、すりおろした玉ねぎを寝かせること。作り方も材料もシンプルなのだが、少し時間がかかる。でもその時間だけがこの旨みや味の丸みを作る。「寝かせておいしくなる」料理がわたしはとても好きだ。何もしないで「待つ」ことで、自然においしくなるもの。

作り方はすりおろしたにんにくと玉ねぎにマスタードと米酢、塩、白こしょうを加えてよく混ぜる。そして冷蔵庫で寝かせる。できれば3、4日、どうかのんびりと待ってみてほしい。そこにサラダ油、オリーブオイルを少しずつ加えてとろんとするまで乳化させ、仕上げに砂糖をひとつまみ。これが全体をひとつにまとめる。

このドレッシングはうんとシンプルなサラダで味わうのがいい。レタスをたっぷり、そこに卵を絡ませるミモザサラダはどうだろう。レタスは冷水でシャキッとさせてからしっかりと水気を切る。ゆで卵は白身と黄身に分け、どちらも裏漉しする。ちょっと面倒かもしれないけれど、ここが普通のサラダになるか、はたまたご馳走サラダになるかの分かれ道。裏漉ししたゆで卵の4分の1程度をドレッシングに加える。そうすると卵の甘みが加わり、さらにとろみが付いて、レタスと合わせた時にドレッシングが流れ落ちない。レタスとドレッシングは手を使ってざっくりと和えよう。手を使うことで、どこを食べてもおいしく味が馴染んでいて、レタスのしゃっきり感も残る。そして、その絶妙なタイミングを計ることができる。残りの卵の半量をサラダに加えてさらに和え、お皿に盛り付けよう。最後に残りの白身と黄身をたっぷりとかければ、もうそこは美しいミモザ畑。その仕上がりの美しさに、裏漉ししてよかった、ときっと思うはず。そして、一口食べればじっと待った時間の理由がわかるはず。

RECIPE　ミモザサラダ

材料（3～4人分）

レタス …… 1/2個
ゆで卵 …… 2個
ドレッシング
　にんにく（すりおろし）…… 少々
　玉ねぎ（細かいみじん切り）…… 大さじ2
　フレンチマスタード …… 小さじ2
　米酢 …… 大さじ2
　塩 …… 少々
　白こしょう …… 少々
　サラダ油 …… 大さじ6
　オリーブオイル …… 大さじ1
　砂糖 …… ひとつまみ

① ドレッシングを作る。にんにくと玉ねぎをボウルに入れて、フレンチマスタード、米酢、塩、白こしょうを加えてよく混ぜる。この状態でできれば3、4日、冷蔵庫で寝かせる。
② サラダ油、オリーブオイルを少しずつ加え、泡立て器で混ぜながらとろりとするまで乳化させる。仕上げに砂糖を入れる。
③ レタスは大きめにちぎって冷水にさらしておく。
④ ゆで卵は白身と黄身を別々にし、裏漉ししておく。
⑤ ②のドレッシングに、④の白身と黄身をそれぞれ小さじ1ずつ加えて混ぜる。
⑥ レタスの水気をしっかりと切り、⑤と手でよく和える。残りのゆで卵の半量を加えてさらに和える。
⑦ お皿に盛り付け、最後に残ったゆで卵を散らす。

PLATE　岩田圭介さんのお皿

福岡県で活動する陶芸家・岩田圭介の白釉の皿。おおらかで自由な形から「雲皿」と名付けられている。温かみのある生成色が特徴。ぽつんと付けられた貝の跡もポイントになっている。

フルーツポンチ
フランスアンティークのガラスの器

憧れのフルーツたちの共演

皆川明

僕はフルーツポンチというものにあまり縁がなかった。実家で出された記憶もない。名前は聞いたことがあるけれど見たことはない、いわば幻のスイーツだった。大人になって海外に行くようになり、イタリアのレストランで食事をすると、最後にデザートワゴンが運ばれてきた。そこにはたくさんのドルチェが並んでいて、ケーキやタルトの後、そしてソルベの前に挟むように説明されたのが、リキュールの入ったマチェドニアという〝大人フルーツポンチ〟だった。大きなガラス瓶やシルバーの容器に入っている様を見たら、昭和の家庭の食卓においそれとは出てこなかったことが理解できた。結局、僕はフルーツポンチをスキップしてマチェドニアに出会ってしまったのか、それともフルーツポンチとはつまり日本のマチェドニアなのか、わからないまま時が過ぎていた。

そして今回、坂田さんのフルーツポンチをいただくことになった。僕は家庭の味を知らないままいきなり〝トップ・オブ・フルーツポンチ〟を体験することになりそうだと気を引き締めた。坂田さんはその期待に応えるように、器用に小玉スイカにナイフを入れ、ギザギザの口をしたスイカの器を作り、そこからまあるくスイカを掬い取っていった。もし子供の頃に母親がこの技を使っているのを台所で見たとしたら、一生分のリスペクトをしていたかもしれない。手際良く刻まれていく色とりどりのフルーツの選抜メンバーは、柑橘類、パイナップル、メロン、バナナと、果実の色と味のバランスがとれた目にもうれしい組み合わせだ。

スイカの器に盛られた華やかなフルーツポンチはそれだけでも十分ではあるけれど、この美しい光景を壊さないようなフランスのアンティーク皿を添えてみた。赤い縁取りと気泡の入ったガラスが清涼感を感じさせてくれて、スイカとガラスが心地良い対比になった気がする。

いよいよ食べてみると、最初にこの味をフルーツポンチとして記憶してしまうのが怖いくらいにおいしかった。フルーツの味のコントラストが絶妙で、それぞれの甘みと食感を同時に口の中で楽しむことの贅沢さを感じた。デザートワゴンでは後半に紹介されるせいか、前半のタルトに気を取られ、今まであまり頼んでこなかったことを後悔した。フルーツポンチという、子供がときめくデザート。子供の頃の憧れを抱いたまま大人になって味わうと、さらに格別かもしれない。

夏休みのフルーツポンチ

坂田阿希子

「フルーツポンチ」には、どこか泣きそうになるほど懐かしい響きがある。

小さな頃から親しんだわたしのフルーツポンチは、母が作ってくれるものだった。毎年夏休みになると、従姉妹や親戚のおばさんが必ず毎週我が家に遊びに来て、そのうえ学校の友達まで遊びに来たりするので、母はおやつの準備に大忙しとなる。そんな時に、大きなガラスのボウルにたっぷりと作ったフルーツポンチがよく登場した。母のフルーツポンチには缶詰の白桃、黄桃、ミカンなどと一緒にスイカやメロン、バナナが入っていて、2色の寒天と白玉も加わる。冷蔵庫でキンキンに冷やしたシロップとフルーツに、ゆでたてをキュッと締めた白玉が入る。これが大好きだった。このフルーツポンチの味わいは、昼間のプールやかくれんぼ、夕方に庭でする花火、蚊帳を吊っていつまでもヒソヒソ話をしたりする夜の時間、そんな毎日が楽しいだけの夏休みを思い出す。

このフルーツポンチ、大人になった今は寒天も白玉も入れずに、シンプルに生の果物の香りや味わいを楽しむのが好きになった。作り方はとても簡単。でも果物の合わせ方に各人の好みが出るだろう。ぜひお好みの果物で試してみてほしい。

まずシロップは、水とグラニュー糖を合わせただけの砂糖水。これがいいと思う。レモンやリキュールの入ったシロップもおいしいけれど、余計なものを入れずシンプルな砂糖水にするのが好きだ。鍋に入れてグラニュー糖が溶けたら、粗熱をとってから冷蔵庫で冷やしておく。

そして果物。ぜひ加えたいのがグレープフルーツやオレンジなどの柑橘系。果肉を切る時に出てくる果汁も捨てずにしっかりとシロップに加える。果汁をたっぷり入れると、シロップの香りがよくなり、味もぐぐっとおいしくなる。パイナップルも必ず入れよう。これもシロップの香りに一役買ってくれる果物だ。メロン、キウイ、バナナなど、すべてのフルーツを一口程度に切る。メロンは丸くくりぬいてみたり、キウイは小さく切っても大きく切ってもかわいくなる。好みに合わせて切ろう。今回は小玉スイカをギザギザに切り、中身をくりぬいて器にした。こうするとシロップにスイカの香りも移るし、なんといっても〝夏休み〟の感じだ。子供たちなんてぜったい大喜びしてくれるだろう。

さあ、果物を切り揃えたら冷たくしておいたシロップを合わせ、再び1時間ほど冷蔵庫で冷やす。この間にほどよくフルーツとシロップが馴染み、いろんなフルーツの香りと味がひとつのフルーツポンチというデザートに変身する。あとは器にたっぷりと流し込んでテーブルへ。果物を切ってシロップと合わせるだけのデザートだけど、そのままの果物を食べるよりもおいしいと感じる。なんていうか、果物デザートの王様だ。

果物それぞれの味と香りが仲良く手を繋ぐこのフルーツポンチ。大好きなのは、あの夏休みを思い出すからかな。いつも切なくなるほど懐かしくておいしく感じる。

RECIPE　フルーツポンチ

材料（作りやすい分量）

小玉スイカ …… 1個
メロン …… 1/4個
キウイ …… 1個
バナナ …… 1本
パイナップル …… 1/4個
グレープフルーツ …… 1個
オレンジ …… 1個
その他、お好みのフルーツ、季節のフルーツ …… 適宜
シロップ
　水 …… 300mℓ
　グラニュー糖 …… 100g

① シロップの材料を鍋に入れて火にかけ、グラニュー糖が溶けたら、粗熱を取り冷蔵庫で冷やしておく。
② 小玉スイカとメロンは丸くくりぬく。キウイは一口大に切る。バナナは筋を取り、厚さ1cmの輪切りにする。パイナップルは1cm幅に切る。グレープフルーツとオレンジは天地を少し切り落とし、皮をナイフで切る。薄皮の間にナイフを入れて果肉を取り出す。果肉を切る時に出てくる果汁は捨てず取っておく。
③ ①に②のフルーツと果汁を入れ、冷蔵庫でさらに1時間ほど冷やす。

PLATE　フランスアンティークのガラスの器

フランスで購入したアンティークの吹きガラスの器。作者や制作年代は不明。縁に二重の赤い色ガラスが施され、ガラス全体に散っている大小様々な気泡は涼しさを感じさせる。

ガスパチョ
小澄正雄さんの羽灰鉢

夏の暑さに爽やかに寄り添うガスパチョ

皆川明

　ガスパチョ。この響きは大人になってから知った子供のギャグのように耳をくすぐる。スペインやポルトガルの暑い土地にぴったりのこのスープは、日本の蒸し暑い夏にも爽やかに寄り添ってくれる味だと思う。バランスの取れた色とりどりの野菜に、滋養のあるにんにくやビネガー、さらにパンも加わり、まるで栄養サミットのようなスープだ。夏の食欲が進まない時はこれ一皿で十分だろう。あくまで想像だが、ガスパチョは南欧で暮らす人たちが、暑い中畑仕事をしながら採れたての様々な野菜を混ぜて食べるうちにできた料理ではないだろうか？　漁師が船上でいろいろな種類の魚を混ぜてどんぶり飯にして食べるのと同じように、これは農家の知恵から生まれた郷土料理なのだろう。

　細かく切って加えた野菜は、その旨みを活かしながらも、玉ねぎやにんにくの強い個性を緩和してくれる。これなら小さな子供から高齢の方までおいしく食べられるに違いない。必要な栄養素や好みに合わせていろんなバリエーションのガスパチョを作れば、それぞれの体調に合わせた漢方のような役割を果たす薬膳スープになるかもしれない。夏の暑い日だけではなく、冬の寒い日には東欧のグヤーシュみたいなシチュー仕立てにしても面白そうだ。ガスパチョは家庭料理でもあるから、各家庭のレシピを見せてもらうだけで一冊の本になるかもしれない。シンプルな料理ほど世界に広がりアレンジされて、その土地の文化や暮らしに溶け込んでいく。生き物の生態系とも似ていて、それはとても良いことだと思う。

坂田さんのガスパチョは丁寧な仕込みから生まれる上品さの漂うものだった。それに合わせたのは小澄正雄さんのガラスの器。手吹きならではのひとつずつ微妙に異なる揺らぎが、すり抜ける風を感じさせる。僕は吹きガラスの底にあるポンテの跡が好きだ。これはガラスを吹き竿から外す時にできる溶接跡のことで、多くの吹きガラスでは最後の仕上げで綺麗に磨かれてしまうが、ポンテの跡が残っていることでつくり手の仕事風景を思わせる。ガラスの器は涼しさを感じさせてくれるけれど、僕はこのポンテの跡を見ると、熱い炉のそばで汗をかきながら重たいガラスを竿の先に付けて吹いているつくり手の姿を連想してしまう。繊細さと軽やかさを合わせ持った小澄さんの器は、坂田さんの丁寧さと家庭料理由来の気さくさに合っていると思った。盛り付けてみると、どこからか風鈴の音が聞こえてくるような気がした。

元気をくれる、このひとさじ

坂田阿希子

たとえば、朝からうだるような暑さを感じる真夏に一番食べたいものを問われたら、わたしは迷わずに「ガスパチョ！」と答える。よく冷やしたこのスープを一口飲めば、体の隅々までが涼やかに、そしてみるみる元気になるような気がするから。トマトを主体に玉ねぎやピーマンなど生の野菜をガーッと攪拌するこの飲むサラダのようなスープは、スペインやバスク地方などで親しまれる料理。わたしも日本のレストランや海外で何度となく口にしてきた。

数年前の夏休みに南フランスを訪れた際に、料理を習うためにある家庭に滞在し、その家のおばあちゃんにとても素敵なガスパチョを教えてもらった。トマト、にんにく、玉ねぎ、そして焼いたパプリカ、水にひたしてふやかしたパンも入れる。滞在していた数日間、様々な南仏料理を習ったけれど、なかでもこのガスパチョがわたしの一番のお気に入りとなった。それ以来、わたしはこれ以上おいしいと思うガスパチョにまだ出会っていない。今回はさらにわたし好みにアレンジしたガスパチョレシピをご紹介しよう。

まず材料の主役のトマト。なるべく味の濃い完熟のものがいい。もし手に入らなければミディトマトやミニトマトなど少し甘みが強いものがおいしいと思う。赤いパプリカはオーブンで皮が真っ黒になるまで焼く。熱いうちに皮をむいてヘタを取り、種もきれいに取り除く。バゲットは輪切りにして水にひたし、それからしっかりと水気を絞る。これはスープにとろみを付けてくれるだけでなく、パンの旨みがコクのあるスープに仕上げてくれる。材料をミキサーに入れ、にんにくをほんの少しと水、赤ワインビネガーを加えてなめらかになるまで攪拌する。この赤ワインビネガーの香りと酸味がスープの旨みにきりりとした輪郭を与えてくれる。ここにオリーブオイルをたっぷり加えてさらに攪拌すると、少しオレンジがかった赤色に乳化していく。塩で調味したら、あとはとにかく十分に冷やすだけ。

もうひとつ、大切なのは薬味になる野菜。玉ねぎ、セロリ、きゅうりを細かいみじん切りにし、オリーブオイルとレモンでささっと和える。野菜はできるだけ細かく刻むことが大切だ。この軽快で繊細な歯触りがガスパチョをぐっと素敵にしてくれるから。スープと同様にこちらもしっかり冷やしておこう。

できることならガラスのスープ皿も冷やしておいて、とろりと冷たいスープを注ぐ。美しく切り揃えた薬味の野菜をたっぷり加えて、さあテーブルへ。

暑い夏の休日でもいい。蒸し暑さの中でヘトヘトになるまで働いて帰宅した夜でもいい。このひとさじがきっとあなたを元気にしてくれるだろう。

「夏の間、このガスパチョさえあればずっと元気でいられるわよ。わたしはずっとそうしてるの」とおばあちゃんはウインクしながら言った。だからわたしもこれからずっと夏の定番スープにしようと決めた。おばあちゃんは今年で御年92歳となる。

RECIPE　ガスパチョ

材料（4〜6人分）

赤パプリカ……2個
ミディトマトまたはミニトマト……12個
バゲット……2cm分
にんにく（すりおろし）……少々
オリーブオイル……大さじ6（90mℓ）
水……1カップ
塩……小さじ1
赤ワインビネガー……小さじ1〜2
トッピング
　玉ねぎ……1/4個
　セロリ……1/2本
　きゅうり……1/2本
　ミニトマト……適量
　塩……少々
　オリーブオイル……大さじ2
　レモン汁……少々

① 赤パプリカはオーブントースターかグリルで皮が真っ黒に焦げるまで焼く。少しむらしてから皮をむいてヘタと種を取り、手で裂いておく。
② トマトはヘタを取る。なるべく味の濃い完熟のトマトを選ぶ。甘みの強いミディトマトやミニトマトなどがおすすめ。
③ バゲットを1cmの厚さに切り、適量の水（分量外）にひたし水気を絞る。
④ ①〜③、にんにく、オリーブオイルの半量、水の半量をミキサーに入れて撹拌する。
⑤ さらに残りのオリーブオイル、水を加えて撹拌し、塩、赤ワインビネガーを加えて味を調える。冷蔵庫に入れ、よく冷やしておく。
⑥ 玉ねぎ、セロリ、きゅうりをできるだけ細かく刻み、塩、オリーブオイル、レモン汁で和える。
⑦ 皿に⑤を注ぎ、⑥を加える。お好みでオリーブオイル（分量外）を少々まわしかけ、半分に切ったミニトマトを添える。

PLATE　小澄正雄さんの羽反鉢

岐阜県で活動するガラス作家・小澄正雄の吹きガラスの羽反鉢。薄く広いリムが受ける光で食材が美しく映える。吹き竿からガラスを切り離す「ポンテ」と呼ばれる作業の跡も愛らしい。

汁なし担々麺

三谷龍二さんの白漆椀

旨みの調和がうれしい汁なし担々麺

皆川明

担々麺という名前の響きだけで、口の中が刺激される……。

〝汁なし〟というのが巷に浸透してきたのはいつ頃だろうか？　僕の記憶ではそう前のことではないような気がする。または僕が情報に疎いだけで、本当はずいぶん前からあるのかもしれない。どちらにしても僕は〝汁なし〟をほとんど食べた経験がない。だから今回は、大好きな担々麺と〝汁なし〟という組み合わせに期待が膨らむ。

担々麺のことを初めて知った時、僕はタンタンという音の響きから野菜の具がメインのタンメンをまず頭に思い浮かべ、さらに〝さっぱりした〟という意味合いの〝淡々麺〟という文字を想像したのを覚えている。実物が出てくると、挽き肉がのったその姿が想像とあまりにも異なり、頼んだものと違うものが出てきたのかと思ったほどだ。さらに味はコッテリごま風味だったので、想像との振り幅の大きさに驚いた。その驚きとおいしさが相まって、その時以来、担々麺は僕の好物の一つとなった。残念なのは、お店のメニューに食べたことのないおいしそうな麺料理が載っていても、最終的には担々麺を選んでしまい、新しい麺との出会いが減っていることかもしれない。そんな僕が汁なし担々麺を、しかも坂田さんの作るそれを食べるとなれば、期待は高まるばかりだ。

坂田さんの料理を見ていると、料理と服づくりはとても似ていることに気付く。料理が食材の栄養や彩り、食感を組み合わせて味を構成していくものだとしたら、服も糸や生地といった素材の特性や機能を組み合わせて、そこに装飾を加えたりしながら一着の服という形を構成していく。坂田さんの汁なし担々麺から、そんなことを感じた。麺の歯応え、挽き肉のほのかな甘みとたれの辛みの相性、そしてねぎの清涼感などが複合的な旨みとなってシンプルな見た目の中に調和している。

この一品には三谷龍二さんの白漆の椀を合わせた。白漆からは黒漆や赤漆とはまた異なる特別な佇まいを感じる。三谷さんの作品の特徴である、さり気ない彫り跡と、幾重にもなる工程から生み出される静謐さ、そしてものづくりに対する考え方が、なんとなくこの汁なし担々麺に繋がっているように感じた。こうして料理と器が食事という営みの中で繋がることは、日々の中で生きることの喜びを作っているのではないか。少し大袈裟に聞こえるかもしれないが、僕はそんなふうに感じる。

花椒香る、やみつきの味

坂田阿希子

初めて担々麺なるものを食べたのはいつだったろう。子供の頃には見たこともなかった。学生の頃も食べた覚えがない。たぶん、かなり大人になってから出会った食べ物だ。日本では担々麺は汁麺としてのほうがポピュラーだが、元祖中国四川省では、汁なし麺として広まった料理だそう。炭をおこした七輪と鍋、食器や材料を天秤棒の両端に吊るし、移動販売によって人々に愛されてきたという。移動販売のため汁はない。さっと湯通しした麺を器に入れ、たれと肉味噌、野菜をパパッと入れて販売されていたのだろう。

ある中国人女性に料理を習う機会があった。まず、とても万能だという肉味噌の作り方を教わった。豚肉とたっぷりのしょうが汁をパラパラに炒めて味付けされた肉味噌を、野菜に混ぜて食べたり、豆腐にのせて蒸したりする。そして、そこでおまけのように出してもらったのが、今回紹介する汁なし担々麺だった。あっという間に出来上がったのに、その香りとおいしさは今でも忘れられないほど鮮烈だった。

まずはラー油を手作りする。鍋にごま油を入れカンカンに熱くする。すり鉢で花椒《ホアジャオ》、そして粉唐辛子と水を練り合わせ、そこに熱したごま油をじゃーっと加える。この時に唐辛子と花椒の香りが一気に広がり、もうそれだけで白いご飯を一杯食べられるくらい食欲がそそられる。ラー油に花椒の香りが加わるのが、手作りだからこその素敵なポイントだ。

そして万能肉味噌。味噌、と言っても調味料はシンプルで、どちらかというとパラパラとした肉そぼろに近い。わたしは叩いた豚肉を使う。挽き肉よりも食感に力強さがあって好きだ。これを炒めて、紹興酒、しょうが汁、醤油を加えたらカリカリッとするまでさらに炒める。

たれは手作りラー油に、すった白ごま、醤油を混ぜるだけ。ここまで用意しておけば、あとはいつ何時でも、麺さえゆでればすぐにこの担々麺が楽しめる。だからわたしはいつも少し多めに仕込んでストックしておく。

麺は生の中華麺で、ストレートなものが合う。伊府麺《イーフーメン》という無かん水のものがおすすめだけど、なければうどんや少し太めの冷や麦、素麺などでもいい。これをゆでてぬめりを洗い流す。

小さめのお碗にたれを入れ、麺の水気を切ってざっくりと盛る。肉味噌、たっぷりのねぎや香菜を上にのせ、好みで黒酢なんかをまわしかけ、あとは各自でよーく混ぜ混ぜ。辛みと香りが一体になったたれと肉味噌が麺に絡み付いたら、さあ、ズズッと一口食べてみてほしい。熱々すぎない温度感、花椒の上品な香りとビリビリとしびれる感じ、唐辛子の旨みと辛み。香菜が爽やかに青みを添えて、なんとも完成度の高いやみつきになるおいしさ。わたしの友人はみな、お酒を飲んだ後の締めに、小さなお碗でこれを一杯食べたいと言う。

そうだな、いつかもう少しおばあちゃんになったら、汁なし担々麺だけを食べさせる屋台なんてやってみたい。本当は移動販売してみたいくらいだけど、きっともう天秤棒なんて担げないだろうなあ……、などと想像していたら、無性に汁なし担々麺が食べたくなってきた。もう夜更けだけど、これから麺でもゆでようか。

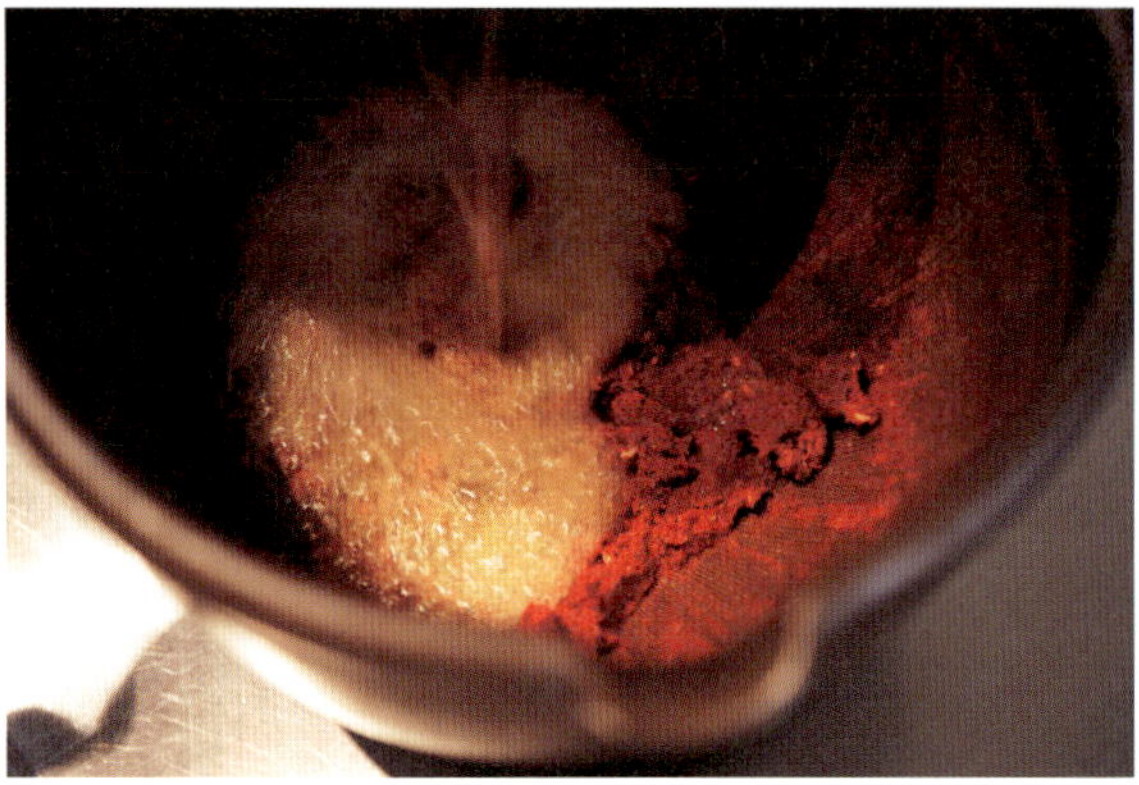

RECIPE　汁なし担々麺

材料（4人分）

肉味噌
豚細切れ肉 …… 200g
サラダ油 …… 大さじ2
紹興酒 …… 大さじ2
しょうが汁 …… 大さじ1
醤油 …… 大さじ3
たれ
白ごま …… 大さじ3
醤油 …… 大さじ3
手作りラー油 …… 大さじ2
麺 …… 2〜3把
（伊府麺がおすすめ。またはうどんや太めの冷や麦など）
万能ねぎ（小口切り）…… 適量
香菜 …… 適量
黒酢 …… 適宜

① 肉味噌を作る。豚肉を叩くように細かく切る。フライパンにサラダ油を熱し、豚肉を炒める。紹興酒、しょうが汁、醤油を加えてからからになるまで炒める。
② たれを作る。ごまは軽くすり、醤油、手作りラー油を加えて混ぜる。
③ 麺をたっぷりの湯でゆで、ぬるま湯などで洗ってしっかりとぬめりを取る。
④ 器に②を大さじ1〜2ほど入れ、ゆで上がった麺の水気を切って盛る。
⑤ ①をのせ、万能ねぎや香菜をたっぷりと。黒酢を好みでかけて、よく混ぜて食べる。

手作りラー油
材料（調理しやすい分量）

韓国粉唐辛子（細挽）…… 大さじ4
花椒 …… 大さじ2
ごま油 …… 大さじ8
水 …… 大さじ4

① 鍋でごま油をカンカンに熱する。
② すり鉢で粉唐辛子と花椒、水を練り合わせ、そこに①を加えて混ぜる。

PLATE　三谷龍二さんの白漆椀

長野県松本市で活動する木工作家・三谷龍二の椀。木肌や彫跡がうっすら見えるベージュがかった白漆の仕上げ。朱や黒に比べ和洋中どんな料理にも馴染み、日常生活に取り入れやすい。

きゅうりのピクルス
ピーター・アイビーさんのジャー

口の中で広がる爽やかな風味のピクルス

皆川明

僕がピクルスを知ったのはいつ頃だろう。きっと子供の頃に、ファミリーレストランやバーガーショップに連れられて行った時、料理の添え物として付いていたのだろう。瓶詰めされた輸入物で、ピクルス液にしっかり浸かったややしんなりしたきゅうりのピクルスだったのではないか。横浜のはずれに住んでいた学生時代は、元町や本牧や関内によく遊びに行った。アメリカンダイナーや、当時流行っていたピンボールやビリヤードを置いているようなお店が何軒かあり、入るとなんだか異国感が漂っていて、ネオンサインの色やその頃飲み始めたウヰスキーが僕の気持ちを少し背伸びさせていた。そこで頼むハンバーガーやフィッシュ&チップスに付いていたのも、きゅうりのピクルスだった。太めのそれをガブリと噛むと中から酸っぱいピクルス液が滲み出てきて、喉に沁みてむせていたことを、今これを書いていて思い出した。

そんな若かりし思い出の添え物のようなピクルスを、坂田さんはどんなふうに作るのだろう。今回のピクルスもやっぱりきゅうりだ。それは可愛らしく小ぶりで、小料理屋さんならモロキュウとして使われるようなサイズ。あぁ、これだけで僕の知っているピクルスとはだいぶ違うな、と期待が膨らむ。ピクルス液にはハーブが入っていて、これが酸味と共に豊かな風味を与えてくれるらしい。きゅうりはピクルス液が染み込みやすいように、縦半分にカットされている。

今回僕が用意した器は、富山のガラス作家、ピーター・アイビーさんのジャー。グレーとグリーンを少し混ぜたようなピーターさんのガラスの色が僕はとても好きだ。森の湖水や木漏れ日の影のような色に感じるからだと思う。そして、このジャーはいわゆる工業的なものと違って針金の形状にも人の仕事の温かさを感じる。道具であり作品でもあるものは、作家の息吹を感じながら愛用できることが何よりうれしい。きゅうりのピクルスもこのガラスの色と相性が良く、きっちりと詰めた様子が何とも涼しげになった。その味は瓶詰めされて売られている輸入のものとはまた違い、ハーブの香りがとても爽やかだった。これなら夏の蒸し暑い時も食欲をそそられるし、冷やしたスパークリングワインとも良く合いそうだ。

この坂田さんのピクルスも、子供の頃や学生の頃のピクルスと同じように、しばらく時が経過して振り返った時、僕の人生のいろいろな思い出の傍らにそっと寄り添っているような気がする。

ピクルスの決め手は塩梅

坂田阿希子

「塩梅」という言葉がある。ピクルスほどこの「塩梅」が難しいものはない、とよく思う。酸っぱすぎても、甘すぎても、塩気が強すぎてもいけない。かといって味が薄くぼんやりしているピクルスなど、もはやピクルスではない。タルタルソースのアクセントになったり、ハンバーガーやサンドイッチをキュッとまとめたり、脇役のようで、実は陰の主役でもあるピクルスは、そのままパリポリ食べ出したら止まらないほど大好きな漬物だ。なかでもきゅうりはピクルスの代表格。海外に行っても日本でも、瓶詰めのきゅうりのピクルスはいろいろ食べてきた。しかし本当に気に入ったものにはいまだに出会っていない。どうにも酸っぱすぎたり、甘すぎたりするのだ。もっとフレッシュでカリポリしていてちょっと甘く……と理想の味はすぐに想像できるのだけど。だからこそ、おいしいピクルスのレシピを自分でも研究し続けてきた。

そしてついに！　今回は堂々と胸を張るような気持ちでこのピクルスをご紹介したい。長年少しずつ配合を変えては、あーでもないこーでもないと考えて、改良してきたレシピの最終版。今、わたしが一番気に入っているきゅうりのピクルスだ。

作り方はシンプルかつとっても簡単。まずは主役のきゅうり。縞目に皮をむき塩をまぶす。こうすることで余分な水分を抜いて味を染み込ませやすくする。少し置いて水気を軽く絞ってから保存瓶に入れる。この時、フレッシュディルを合わせて入れるのがおすすめだが、他の好みのハーブを使ってもいい。ピクルス液のポイントは酢と水の配合。これこそまさに「塩梅」が大切となる。わたしは水を多めに入れる。保存性は少し弱まるが、酸っぱすぎずマイルドで、カリポリとした食感も楽しめるピクルスになる。ピクルス液のスパイスには各自好みがあると思うが、ぜひ入れてほしいのがセロリシード。これがなんとも外国的な香りになっていいのだ。鍋に入れて一度煮立て、熱いうちに先ほどのきゅうりとハーブの入った保存瓶に流し入れる。あっという間にこれで出来上がり。粗熱を取って冷蔵庫へ。あとは2、3日置けば食べ頃だ。

冷蔵庫で2、3カ月は保存可能なので、ぜひいろんな料理にも活用してほしい。わたしのたまごサンドにはこのピクルスがどっさり入るし、ローストポークやハンバーグなどにもピタッと寄り添う優れもの。あ！　カレーにも絶対に相性抜群だ。もちろんそのままパリポリと、ワインの最高のお供にもなる。つまりは万能なのである。

そうそう、このピクルスにはもうひとつおすすめの食べ方がある。炒めてみてほしいのだ。ハムと炒めたり、豚肉と炒めたり、実は牛肉ともピッタリ。2人で食べるのにステーキ肉が1枚だけ（笑）、なんていう事態になった時は、サイコロみたいに切ったステーキと、同じようにころっと切ったピクルスとを強火でざっと炒め合わせる。味付けは塩と黒こしょう。隠し味に醤油をちょこっと、なんていうのもいい。ぜひお試しいただきたい。そして「この塩梅いいなあ」なんて思っていただけたらうれしい。

RECIPE　きゅうりのピクルス

材料（作りやすい分量）

きゅうり……6本
ディル……2～3本
好みのハーブ……適宜
塩……適量
ピクルス液
　セロリシード……小さじ1
　米酢……200cc
　水……300cc
　砂糖……60g
　塩……大さじ1と1/2

① きゅうりは縞目に皮をむき縦半分に切る。長さはそのままか2等分に。
② 塩をまぶして水気が出るまで30分ほど置く。
③ しんなりとしたら水気を絞って、煮沸消毒した瓶に詰める。ディルも合わせて瓶に入れる。他の好みのハーブを入れてもいい。
④ 鍋にピクルス液の材料を入れて沸騰させ、熱いまま③の瓶に注ぎ、そのまま粗熱を取る。冷めたら冷蔵庫へ。2～3日置けば食べ頃。

PLATE　ピーター・アイビーさんのジャー

富山県で活動するアメリカ出身のアーティスト、ピーター・アイビーのジャー。ガラスの独特な色と気泡が特徴。留め具のワイヤーも一つひとつ手作業で曲げて作った味わいがある。

ロールキャベツ

皆川明ウフォレストココット

STAUB

ロールキャベツは味と食感のハーモニー

皆川明

僕の家では母があまり料理に関心がなかったので、家庭の味というものはもっぱら祖母の作るお味噌汁だったり、お弁当箱から汁が浸み出して教科書に染みてしまったお稲荷さんだったり、父が休日に作ってくれたカレーライスくらいかなと思っていたが、今回ふと、母が時々ロールキャベツを作っていたことを思い出した。そしてそんな時には僕と姉と二人でロールキャベツ作りを手伝っていたことも、幾重にも重なった記憶の下の方から思い出された。おいしかったという記憶はないけれど、不味かったわけでもないと思う。なぜならいくつも食べた記憶があったから。

僕は今では料理に関心があり、作ること、食べること、食材を見ることにもとても興味があって、その時間は日々の喜びになっている。家庭の味の記憶は残念ながら僕の中にあまり蓄積されていないけれど、その分、旅で出会った様々な国の地方料理や家庭料理、その土地に根ざした料理を楽しむ機会を時折得られているのは幸せなことだと思う。

そして今回、坂田さんのロールキャベツをいただく機会がやってきた。坂田さんの料理はいつも手際が良く、丁寧な手順が見ていて心地良い。きっとやるべきことがしっかり頭の中にあって、オーケストラの指揮者のように全体を見渡しながら料理を進めていくからだろう。今回の仕込みや下ごしらえも整然と進み、食材たちもどこか気持ち良さそうに見える。

そんなロールキャベツには、僕がデザインをしたストウブのオーバル形の鍋を使ってみることにした。鍋のグリーンとロールキャベツとの相性が良さそうだったからだ。この鍋は、フランスの工場まで訪ねて行き、描いた図案とともに職人さんと打ち合わせを重ね、製作の工程を見学しながら2年がかりで作ったものだったので、僕にとっては大切な作品だ。日頃から僕もオーバル形の鍋を使っていて、魚料理にとても重宝しているけれど、ストウブの鍋ではまだロールキャベツを作ったことはなかったから、今回のレシピを参考にしてアウトドアの機会なんかに是非試してみたいと思った。

出来上がったロールキャベツが整然と鍋に並んでいる姿がなんとも可愛らしい。キャベツの甘みと肉汁の旨みが合わさったスープに、キャベツと肉の絶妙なバランスの食感がおいしさのハーモニーを奏でていて、やっぱり坂田さんは料理の指揮者なんだなと妙に納得してしまった。

肉とキャベツから溢れる旨みの料理

坂田阿希子

ロールキャベツという料理は不思議な料理だ。この料理名を聞くと、誰もがどこか懐かしさを覚え、そして頭の中に一皿のロールキャベツを思い浮かべるだろう。しかし、それぞれが想像するロールキャベツは百人いたら百通り、というくらいいろんなものがあると思う。みんなが知っている定番料理。でも「どんな料理?」と聞かれたら、意外と「これこそがロールキャベツ」と答えるのは難しいかもしれない。

ロールキャベツには、定番でありながらどこか曖昧な料理というイメージを持っていた。母が時々作るロールキャベツは、合い挽き肉と玉ねぎなんかの肉だね、ソースはトマトジュースで作るオレンジ色のものだった。ある洋食屋ではホワイトソースで出すし、透明なブイヨンで煮込むものもある。「我が家は和風でお出汁ベースだった」なんていう友人もいた。そんなわけでなんとなくロールキャベツのイメージは曖昧であまり好んで食べることはなかった。

そんなある時、フランスのある家庭にお邪魔する機会があり、そこのママンがロールキャベツをふるまってくれた。フランス語でロールキャベツは〝シューファルシ〟。トマトソースやホワイトソースの味ではなくて、肉とキャベツから溢れる旨みの料理。ぼんやりしていたわたしのロールキャベツ像にキリッとピントが合って、輪郭が浮かび上がった。それが今回ご紹介するシューファルシこと、わたしのロールキャベツである。

　まず、ポイントは中に入れる挽き肉。牛肉、豚肉、鶏肉と3種類使う。それぞれに違う旨みがあるので、3種類入れるのが絶対だ。そしてデュクセルというマッシュルームを刻んでペースト状に炒めたもの。あとは玉ねぎとにんじん。にんじんは甘みと香りをプラスする大事な要素だ。トマトペーストをソースではなく肉だねに加えるのもこのレシピの特徴。キャベツは大きな葉をさっとゆで、2枚くらい重ねて肉だねを巻く。こうするとびっくりするほど大きなロールになるのだが、食べる時にこのくらいキャベツがしっかりたっぷりあるのがおいしい。そして最大の特徴は煮込む前にこのロールキャベツをバターで焼くこと。表面にこんがりと焦げ色がつくまで焼く。これによって香ばしさが加わり、スープに素敵な色もついて極上のコンソメのような色味になる。これがいい。焼き付けたロールキャベツを鍋に並べ、ブイヨンを注いで約1時間コトコトと煮込んだら、ふたをそっと開けてみよう。鍋にぎっしりと入っていたロールキャベツはとろけそうに柔らかくなり、そしてなんていい香り。ロールキャベツをそっと取り出して鍋に残ったスープを煮詰める。この時バターを加えてコクととろみを出したら、このままで十二分においしいソースになる。

　さあ、テーブルに運んでゆったりと温かい気持ちでいただこう。ほとんど調味らしいことをしないのに、野菜とお肉の旨み、そしてなにより煮込む「時間」がこの料理をおいしくしてくれる。

　最近このロールキャベツを友人にふるまって大好評を得た。その時にみんなで盛り上がったのはこの会話。

「あなたのうちのロールキャベツってどんなだった？」

RECIPE　ロールキャベツ

材料（4人分）

玉ねぎ …… 1/2個
にんじん …… 1/2個
マッシュルーム …… 10個
キャベツ …… 1個
合い挽き肉 …… 300g
鶏もも挽き肉 …… 100g
バター …… 適量
トマトペースト …… 大さじ1
塩 …… 小さじ1/2
黒こしょう …… 適量
ブイヨン …… 3カップ

① 玉ねぎ、にんじん、マッシュルームはすべて細かいみじん切りにして、バターでペースト状に炒めて冷ましておく。
② キャベツの葉を1枚ずつ丁寧にはがして、塩（分量外）を入れた熱湯でさっとゆでる。かたい軸の部分をそぎ切りにして薄くする。
③ ボウルに①とすべてのひき肉を入れて練り合わせ、トマトペースト、塩、黒こしょうを加えて混ぜる。
④ ②のキャベツを広げ、③を8等分にして包む。キャベツは2枚ほど重ねて肉だねを巻く。大きなロールになるが、このくらいキャベツがしっかりあるのがおいしい。
⑤ フライパンにバターを熱し、④を転がしながら表面に軽く焦げ目がつくまで焼き付け、煮込み鍋に移す。
⑥ ロールキャベツがひたひたになるくらいブイヨンを注ぎ、ふたをして弱火で1時間〜1時間半ほど煮る。
⑦ ロールキャベツを取り出して器に盛り付ける。残った煮汁を強火で少し煮詰めて小さく切ったバターを加え、塩（分量外）で味を調えソースにする。最後にロールキャベツにまわしかける。

PLATE　皆川明のフォレストココット

フランスの鋳物ホーロー鍋「ストウブ」を皆川明がデザイン。「食卓を楽しくする」をテーマに、森で鳥たちが果実をついばむ様子が描かれている。オーバルの他に正円のラウンド形もある。

新米おにぎりと豚汁

紀平佳丈さんウ蓮弁皿

おにぎりは懐かしい味の原風景

皆川明

おにぎりについて、日本人のわたしたちは誰もが記憶の中に何かしらのエピソードを持っているのではないだろうか。僕はといえば、小学生の時に夢中だったソフトボールの試合の日、お昼ごはんに食べたお弁当屋さんの手作りおにぎり。これをいつも8個買っていた。シャケ、タラコ、昆布、梅干しを2個ずつ。今思うとすごい食欲だった。各種を1個ずつ食べて、それをもう1巡するのが試合後の楽しみだった。その記憶は鮮明で、1個70円を8個買って560円。まだ消費税も500円玉もない頃、親にもらう500円のお弁当代に、自分のお小遣い60円を加えて買った記憶まで残っている。

そんなおにぎりは今でこそ2個あれば十分ではあるが、依然として好物には違いない。でも最近では、手作りのおにぎりを見かけることは少なくなった。そのせいか、たまに新幹線の駅や空港にあるおにぎり専門店を見つけると、ついついお腹の空き具合とは関係なく買ってみたくなる。そんな手作りおにぎりは、やっぱりというか、さすがというか、ふんわりした握り方でお米のほどけ方が絶妙だと感じる。

今回の坂田さんのおにぎりも、きっとそんな懐かしさのある今では貴重な手作りおにぎりなんだろうと、「裸の大将」の山下清画伯並みに期待してしまった。坂田さんは手際の良い慣れた手つきで淡々と握っていく。それも型に入れた角張ったものではなく、ほんのり角丸の三角おにぎりだ。しかもその小ぶりなおにぎりは、海苔を巻かない、具も入れない、誤魔化しなしの塩むすび。さすがっ！と心の中で囁いた。

そんなおにぎりの器に選んだのは紀平佳丈さんの蓮弁皿。少し燻されて独特なグレーを纏い、蓮の弁の形を模した非対称な姿も美しい。おにぎりといえば笹の葉に巻いてあるものも古典的で美しいが、それに遠からずまた趣の違う器をあてがってみた。今回は贅沢なことにそこに豚汁が付いてくる。味噌汁ではなく豚汁というのが素直にうれしい。豚汁も僕は大好きで、定食屋さんにあったなら間違いなく頼みたい一品だ。坂田さんのお料理としてはとても面白いメニューだと思う。洋食を軸に活動している料理人の坂田さんは、実はいろんなジャンルの料理ができる。それはおいしさの基準が坂田さんの中にしっかりあって、その芯の部分からいろいろな料理や味が生まれ、発展していくからだろう。そんなふうに料理を作れるのは、やっぱりすごいことなんだなぁと、このおにぎりの回であらためて感じた。

ほっとする豚汁と塩むすび

坂田阿希子

仕事柄、まかないを日々作る。お店でも毎日食べるし、撮影の仕事の時もふるまうことが多い。なかでも、出した途端にそこにいる人たちみんながほっとしたような顔になるまかない料理がある。それが「豚汁と塩むすび」である。豚汁というのは素晴らしい料理だ。肉も野菜もたっぷり入って栄養バランスもバッチリ。特に疲労困憊した冬の空腹時なんかにはもう最高。豚肉と野菜の旨みが溶け出し、こっくりとした味噌で仕立てた豚汁をすすれば、疲れも一気に吹き飛んで体も心もほっかほか。これには具を入れない塩むすびがぴったりだ。特に秋の新米の季節にはつやつやと炊き立てのごはんを小さくむすび、熱々の豚汁に添える。お米のおいしさもさることながら、人の手で握られた温かなおいしさがある。さあ、今年も新米の季節。シンプルこの上ない定番料理たちをご紹介しよう。

まずは豚汁。わたしの豚汁には玉ねぎを入れる。多めに入れて甘みを出すのが好きだ。くし切りにする。他は大根、にんじん、こんにゃく、さといも、そしてごぼう。このごぼうの香りが、食べる人の顔をほっとさせるポイントだ。大根、にんじんはいちょう切りにする。さといもは乱切りに。皮をむいて塩で軽く揉んでから洗うとぬめりが取れる。こんにゃくはさっとゆでてから手でちぎる。ちぎると断面がたくさんできて味が染みやすい。ごぼうは好みの切り方でいいが、うちではささがきにする。香りが強く出て食感は柔らかくなる。豚肉はもちろんバラ肉。薄切りを2、3センチ幅に切ろう。具材を切り終えたら、まずは大きな鍋にごま油を熱し、豚肉を炒める。脂が出てきたら、こんにゃく以外の具材を入れ、ゆったり炒める。具材をじっと見ながら炒めていくと、いろんな具材の香りが漂ってきて、野菜の水分がしっとり出てくる。そのままふたをして弱火で15分ほど蒸し煮。鍋の中はサウナ状態で、野菜がそれぞれに旨みをじっくりと出していく。野菜の水分だけで蒸し煮をするのだ。これをやるのとやらないのでは全然違うので、ぜひともお試しを。サウナのふたを開けたら出汁を注ぎこんにゃくを加えて、あとは5、6分煮ればいい。ここで好みの味噌を溶き入れるのだが、この味噌にも各人好みがあるだろう。わたしは故郷新潟の少し甘みのある味噌を使う。冬ならちょっと濃いめに仕上げる。器に熱々を盛り付けたらもうひとつのポイント、おろししょうがとゆずを添える。椀を口に運んだ時、ゆずが香るのがとても好き。しょうがを溶きながらひと口すすれば「はぁ〜っ」と湯船に浸かった時のような声が出るはずだ。

あとは塩むすび。新米は水の量をやや少なめに炊くといい。あちちち！と手のひらが赤くなるくらい熱くても、我慢しながら握ろう。「うちは三角だったよ」「うちは俵形」などとみんなで話しながら握り、お皿に並んでいくおむすびを見ていると、そこに握った人の内側がちらっと見えるような感じがするから素敵だ。

つい先日の撮影でも、豚汁をまかないで出した。他にずいぶん手の込んだ料理も作ったのに、「豚汁っていいねえ」とみんなが言うので、正直ちょっとがっくりしたのだけど。ね、でもわたしもやっぱりそう思う。「豚汁っていいねえ」

RECIPE　豚汁

材料（4〜6人分）

玉ねぎ …… 1個
大根 …… 10㎝
にんじん …… 小1本
ごぼう …… 1/2本
さといも …… 3個
こんにゃく …… 小1枚
長ねぎ …… 1/2本
豚バラ肉 …… 300g
ごま油 …… 適量
出汁 …… 4カップ
味噌 …… 大さじ3
おろししょうが …… 適量
ゆず …… 適量
七味唐辛子 …… 適宜

① 具材を切っていく。玉ねぎはくし切り、大根はいちょう切り、にんじんは半月切りかいちょう切り、ごぼうは細めのささがきにして水にさらす。さといもは乱切り。こんにゃくはさっとゆでてアク抜きをして手でちぎる。長ねぎは小口に切る。豚バラ肉は2、3㎝幅に切る。
② 鍋にごま油を熱し、豚肉を炒める。色が変わったらこんにゃく以外の具材を入れ、油が全体にまわるように炒める。
③ ここでふたをして弱火にし、野菜から水分が出てくるまで15分ほど蒸し煮にする。
④ 出汁を注ぎ、こんにゃくを加え、あとは野菜が柔らかくなるまで5、6分煮る。
⑤ 好みの味噌を加えて調味する。
⑥ 食べる時におろししょうがとゆずをのせる。好みで七味などを加えてもおいしい。

PLATE　紀平佳丈さんの蓮弁皿

愛知県で活動する木工作家・紀平佳丈の蓮弁皿。ノミやカンナで木材を削り出して生まれた非対称な形とやわらかな曲線が印象的。使い込むうちに変化していく木の色合いを楽しめる。

ローストチキン

GOGデザインのアラビアのプレート

笑みがこぼれるローストチキン

皆川明

ローストチキンの思い出は、初めてヨーロッパを旅した時に1カ月ホームステイしたヴェルサイユのフランス人家族の食卓だった。ある日の夕食時、マダムがチキン一羽の表面に丁寧にディジョンマスタードを塗り、お腹の中にいろいろな香草を詰めていた。日本の実家でそんな洒落た料理が食卓に並んだことはなく、初めて見る光景だった。オーブンで焼かれるチキンの香りが、今、自分が海外に来ていることを実感させ、スポーツに明け暮れていた高校生までの人生とどこか違う道を歩き始めたような、ワクワクする気持ちにさせてくれた。ステイ先の食事にはいつも赤ワインがあり、まだお酒を飲み慣れなかった僕はお水で割って飲んでいた。

料理の記憶というものは、こうやって連鎖するようにいろんなことを思い出させてくれる。今日の坂田さんのローストチキンから、僕はどんな思い出を作っていくのだろうかと、器を選びながら楽しみになっていた。今回はフィンランドの陶磁器ブランド、アラビアの果物柄の大皿を選んでみた。「果物」と書いたのは、ずっとりんごの絵だと思っていたけれど、よく見ると果実の底からヒゲが描かれていたり、果肉のところにたくさんの粒があるので、もしかしてざくろかな？と最近は思っているからだ。いずれにしても、この落ち着いた色と大胆な絵柄が僕はとても気に入っていて、その大きさから食卓に並べるチャンスはあまりないけれど、料理と相性が良い時にはぜひ使いたい一枚だ。鶏一羽丸ごとの姿が引き立つように、盛り付けは極々シンプルに、焼いたりんごやじゃがいもを粗く切って添えるだけで十分だった。

ローストチキンの醍醐味は皮目のパリパリと、溢れる肉汁、程良く火の入った柔らかな肉質の奏でる味の三重奏だろう。坂田さんのローストチキンもパリッ、ジュワッ、フワッと口の中でおいしさが広がっていった。頭の中には、いつもより大きいテーブルにロウソクの灯りとご馳走が並び、やわらかな暖炉の火の揺めきの中でみんなが談笑している姿が浮かんでくる。食事はやはり身体を作るだけではなく、日々の喜びを感じるための時間なのだ。食材や料理への感謝を思い、今のひと時を思う機会になっている。ましてやローストチキンのように思わず笑みがこぼれるようなご馳走の光景は、人生の特別な思い出として残っていくだろう。

丸鶏を焼いてみよう

坂田阿希子

クリスマスのご馳走の代表格、ローストチキン。本来ならば七面鳥を焼くのだが、日本では丸鶏を焼いてクリスマスを祝うことが多い。わたしが子供の頃は、鶏の骨付きもも肉をカリッとフライパンで焼いたチキンソテーだった。母が骨のところに紙で作ったリボンを巻いてくれる。クリスマスの特別なご馳走に、それはもう喜びでいっぱいだった。だから丸鶏を焼いてクリスマスのお祝いにする、なんていうのは、正直なところわたしはあまり体験していない。だけど今では、クリスマスでなくとも丸鶏をよく焼くようになった。友人が集まるちょっとした食事会やお誕生日のお祝いなどにも、ローストチキンはたびたび登場する。テーブルに出した途端にみんなが声を上げて喜んでくれるし、とにかくシンプルで簡単。素晴らしいお料理なのですね、実は。ローストチキンなんて難しいわ、と思うかもしれないけれど、ほぼオーブンが仕事をしてくれる。その間に前菜やらスープの用意をしていればいい。

さて、作り方。まずは丸鶏。クリスマスの時期になるとスーパーにもたくさん出回る。前もって注文しておいてもいいし、今はお取り寄せもできる。一度「青森シャモロック」という品種でローストチキンを焼いてみたけれど、これはもうのけぞるおいしさだった。ご興味のある方は鶏肉にもこだわって探してみると面白いと思う。鶏肉を用意したら全体に塩をすり込もう。鶏肉の重量の2％くらいの量の塩を、表面とお腹の中によくすり込む。丸鶏のお腹はポカンと空いた空洞なので、ここにローズマリーやタイム、にんにくなどを詰める。わたしはレモンを詰めたり、味付けしたごはんや栗を詰めることもある。まずはシンプルにハーブとにんにくで焼いてみて、ローストチキンにはまったならば、いろいろとアレンジしてみるのもおすすめだ。凧糸などで脚をしばって形を整え、冷蔵庫で3時間ほど寝かせよう。この間に塩がゆっくり浸透し、ハーブやにんにくの香りもうっすらと移っていく。

鶏肉の表面にオリーブオイルを塗っておく。こうすると表面の温度が上がり、パリッと仕上がる。天板に大きめのバットを重ね、その上にさらに網を重ねて鶏肉を置く。これは、焼いている間に下に脂が落ちていくのを受け止めるため。２００℃のオーブンで約1時間。途中2回ほど出して、落ちた脂を刷毛などで鶏肉に塗って仕上げるとおいしくなる。さあ、この1時間はゆったりとした気持ちで他のお料理の準備をしよう。

ところでローストチキンといえば、フランス人の大好物。日曜日には大抵ローストチキンを市場で買ったりお家で焼いたりして家族全員で楽しむのだそう。そういえば『アメリ』という映画で、あるおじいちゃんがローストチキンの背中の部分に2つだけある「ソリレス」*という部位のお肉を孫に食べさせるシーンがある。わたしはこのシーンが大好きで、ローストチキンを焼くと「ソリレス、ソリレス」とこの部分をそっと取り出したくなる。柔らかい繊維質の小さなお肉でとってもおいしい。みなさんもローストチキンを捌く時にはぜひ探してみてほしい。

*ソリレス＝仏語で「これを残すものは愚か者だ」の意味

RECIPE ローストチキン

材料（1羽分）

鶏 …… 1羽
タイム …… 3～4枚
ローズマリー …… 2枚
にんにく …… 1株
じゃがいも、りんごなど …… 適宜
塩 …… 鶏肉の重量の約2％
オリーブオイル …… 適量

① 鶏肉全体に塩をふって手でよくすり込む。腹の中にもしっかりとすり込む。
② タイム、ローズマリー、半分に切ったにんにくを腹の中に詰める。
③ 凧糸をかけて脚などを揃えて形を整える。冷蔵庫で3時間から一晩置いて寝かせる。
④ 天板にバットを重ね、さらに網を重ねて③を置く。全体にオリーブオイルをたっぷり塗る。
⑤ 200℃に予熱したオーブンで1時間ほど焼く。お好みでじゃがいもやりんごなども一緒に焼く。途中何度か取り出して、下に落ちた脂を刷毛で鶏全体に塗って仕上げる。
⑥ オーブンから取り出し、皿に盛り付けて切り分ける。

PLATE GOGデザインのアラビアのプレート

フィンランドの陶磁器ブランド・アラビアのフラクタスシリーズの大皿。グンヴァル・オリン・グラングヴィスト（GOG）がデザインした。フラクタスとはラテン語で「果実」を意味する。

レモネード

レナタ・ヤコヴレフさんのグラス

旅をしたくなるレモネード

皆川明

レモネードという言葉を知ったのはいつだったろうか。ずいぶん年を重ねるまで、どちらかというと僕はそれを〝ハチミツレモン〟と呼んでいた。中学、高校と陸上競技をしていて、部活の時にはハチミツレモンを普段より薄くして飲むのが好きだった。もちろん今回の坂田さんの料理のように丁寧に作られたものではなくて、お湯の中にはちみつとレモンの果汁を溶かしただけの簡単なものだったけれど。夏にはそれを一晩冷凍室で凍らせて学校に持っていった。そんな記憶があるから、レモネードとハチミツレモンはいつしか僕の中で混同されたままになっていた。その厳密な違いはわからないけれど、名前の響きはパリのカフェを思い出させてくれる「レモネード」の方がなんだか素敵に聞こえてくる。

坂田さんのレモネードはいつものように丁寧な手順で作られていながらも、材料はシンプルで手間も少なかった。そこで、器も立派なものではなく小ぶりで日常的なものを選びたいと思い、フィンランドのガラス作家であるレナタ・ヤコヴレフのグラスを合わせてみた。乳化したような微妙な色が光のグラデーションのように溶け合って、丸みを帯びたフォルムが気持ちを穏やかにしてくれるデザインだ。フィンランドの暮らしでよく出会う色彩だと感じる。このグラスとアアルトのジャグに入れたレモネード。それとシナモンロールとピーラッカ*を白樺の皮で編んだバスケットに入れて森へ行ったなら、フィンランドの休日気分を味わえそうだ。食への思いを膨らませて旅を想像するのは楽しい。料理と器に思いを馳せるだけでいろんなところへ出かけていける。そんな記憶の旅をするためにも、実際の旅先での食事は大切なものになる。

レモネードのうれしいところは、ホットにしてもおいしいことだ。寒い時期にもレモンの爽やかさとはちみつの甘さはとても合うので、夏だけでなくどんな季節にも楽しめる。ホットワインのようにたくさんの果実やハーブを使わず、お酒も入っていないから手軽に家族で飲めるのもいい。そしてカクテルとして、ジンやグラッパのような蒸留酒と合わせてみてもおいしそうだ。こうして考えるとレモネードは様々な楽しみ方ができる飲み物だ。四季折々のレモネードを作ってみたらオリジナルのレシピが増えるかもしれない。坂田さんのレモネードをベースにいろいろと試してみたくなった。

*フィンランドのパイ料理。ライ麦の生地に粥や卵をのせて焼き上げる軽食

レモネードの冬

坂田阿希子

レモネード。この言葉の響きはわたしをなんとも懐かしく切ない気持ちにさせる。１９８２年にリリースされた松田聖子のアルバム『Pineapple』に収録されている「レモネードの夏」という曲を思い出す。当時14歳だったわたしが大好きだった曲で、買ってもらったばかりのラジカセで何度も繰り返し聴いた。「冷えたレモネード　薄いスライスを　噛めばせつなさが走る」なんて歌詞から、レモネードといえば冷たい飲み物で、ストライプのストローが添えられた、水滴がついてひんやりとした長いグラスを想像した。「高校生になったら喫茶店でレモネードをオーダーする！」とか言って、ずいぶん憧れていたっけなあ。

とはいえ実際に大人になった今も、正しいレモネードというのがどんなものなのか、いまだにはっきりしない。一般的にはレモンをぎゅっと搾った果汁にはちみつやお砂糖を入れて氷と水を加えたもののようで、熱いお湯で割るとホットレモネード。でもこれではちょっと物足りない。ということで、最近はレモンをそのまま輪切りにして、好みのスパイスやハーブとはちみつ、お砂糖を一緒に漬け込んでじっくりとシロップを作ることにしている。そうするとレモンの皮の苦みや香りもゆっくりとシロップに溶け込み、ぐっと大人っぽい味に仕上がる。今回はこの大人バージョンのレモネードをご紹介しよう。

作り方はいたって簡単。まずレモン。これは国産の皮ごと使えるものがいい。香りもとてもフレッシュだ。さっと洗って輪切りにする。保存瓶にレモンの輪切りを最初に少し入れ、その上にはちみつ、グラニュー糖、またレモンの輪切り、はちみつ、グラニュー糖、と重ねていく。他のお砂糖を使っても構わないが、水で割った時に透明感があり、甘さもすっきりしているのがグラニュー糖。もう少しコクを出したいなら、三温糖などもいいと思う。重なりの途中に好みのスパイス、たとえばシナモンスティックやカルダモンなどを加えていく。タイムやローズマリーなどのハーブを入れても素敵だ。保存瓶いっぱいに重ねたら、しっかりとふたをしてそのまま数日寝かせる。3、4日でお砂糖が溶け出し、レモンからも果汁が出てシロップになっていく。だいたい1週間くらいで飲み頃となる。そのまま1カ月ほどは保存可能だが、少しずつ苦みも増してくるので、このあたりはお好みで。苦手な方は途中でレモンを取り出しておくといい。

今回は熱いお湯を注いでホットレモネードにする。国産レモンは冬が旬だから、このレモネードは季節柄ホットで飲みたい。今回皆川さんが選んだ器は、まるで桃のような色合いの、やさしくて美しいガラスの器。ここにレモンの輪切りとシロップを入れて熱いお湯を注いだら、冬の陽だまりのようなホットレモネードが完成した。ふんわりと湯気が立ち上る冬のガラスというのも、とても素敵だと思う。

大人になった今は、ストローではなしに、こんなガラスの器を両手で大事に持って、ふうふうとホットレモネードを飲みたい。「レモネードの冬」の気分だ。

RECIPE　レモネード

材料（作りやすい分量）

レモン（国産またはノーワックス）…… 5個
グラニュー糖、はちみつ …… 合わせて500g
スパイス（シナモンスティック、カルダモンなど）、ハーブ（タイム、ローズマリーなど）…… 適宜
熱湯 …… 適量

① 消毒殺菌した容器に3～4㎜の輪切りにしたレモンと甘味料を交互に入れて漬ける。しっかりとふたをして保存する。あいだにシナモンスティックやカルダモンなどのスパイス、タイムやローズマリーなどのハーブを入れてもいい。香りがついて素敵に。
② 約1週間ほどで飲み頃に。シロップに熱湯を注ぎ3～4倍の希釈で薄める。

PLATE　レナタ・ヤコヴレフさんのグラス

フィンランドのガラス作家レナタ・ヤコヴレフのKAKSI（カクシ）グラス。主にアート作品を制作する作者が日常生活の道具にまで幅を広げた。KAKSIはフィンランド語で数の「2」を意味する。

ボルシチ
大嶺實清さんの鉢

東欧の旅を思い出すボルシチ

皆川明

ボルシチと聞くと、冬の東欧の街並みが思い浮かぶ。元はウクライナの料理のようだが、ハンガリーやチェコなどにもこれに近い煮込み料理があって、冬に訪れた時に身体を温めてくれた思い出がある。ビーツの甘みとサワークリームの酸味、牛肉の旨みが一体となったスープは、一皿で心も身体も温めてくれる東欧の国民食だ。少し毛色は違うが、日本で言うと肉じゃがだろうか、それとも豚汁だろうか……と思いを巡らせる。こういう料理はたくさん採れて比較的安価に手に入る食材が、家庭料理として長い年月をかけて磨かれ完成されていくのだろう。そうやって長いあいだ人々に愛され作り続けられた料理の味と栄養は、スープの中で豊かなハーモニーを奏でてくれる。昨今の吟味された食材を使い幾重にも手をかけられた芸術的な料理も、五感を刺激する素晴らしい体験を与えてくれるが、ボルシチのようなその土地の誰もが慣れ親しんだ料理というものは、遺伝子レベルでおいしさを実感する味でもあり、安らぎを感じるものだと思っている。

冬の東欧の寒さは、北欧のそれとは少し違う哀愁を感じるものだった。それは街の風景からなのか、道ゆく人の様子からなのか、それとも僕の心持ちがそうさせたのかわからない。身体も冷えきって人恋しい気持ちになりお腹も空いてくると、街に何軒かあるような、昔からやっているであろうビストロが店を開け始め、メニューが載った看板に明かりが灯る。そこへ吸い込まれるように入って、窓側の小さな席に着く。ビールとスープとパン。そして交差する聞き慣れない言葉と音楽が、旅の時間に包まれている幸せを感じさせてくれる。坂田さんのボルシチを見ただけで、頭の中ではそんな回想に耽ってしまうのだ。

今回、器は沖縄の陶芸家、大嶺實清さんの四角い鉢を合わせてみた。ボルシチの深い赤と鉢の青い縁取りが似合う気がしたからだ。たぶんこの鉢は盆栽なんかを入れるためのものかもしれないが、僕は時折スープや煮込みの食器として使う。食べる時に少し覗き込むような感じで料理を掬う姿が、いかにもスープをおいしそうに見せるからだ。坂田さんのボルシチは酸味と甘みと食感が上手く調和していて、いつまでも味わいたくなるほどおいしかった。目を瞑って東欧の旅を思い返しながら、またいつかあの街でビールと合わせてこの料理を食べることができたらどんなに幸せだろう、と妄想が膨らんでくるのだった。

ルビー色のスープ

坂田阿希子

冬は煮込みがおいしい。自分のために、家族のために、友人のために、底冷えするような寒い厳しい冬のご馳走として、何かひとつ煮込みを作るなら、わたしは迷わずボルシチを作るだろう。このルビー色のスープをひとさじ飲めば、野菜と肉の旨み、身体を芯から温めてくれるやさしさが、スーッと食道を通って体中に広がっていく。初めてロシア人の作ったボルシチを食べた時、わたしはそう思った。

その昔、ある仕事でロシア料理店を営むウクライナ出身のおばさんからボルシチを習う機会があった。それまでわたしはさほどボルシチという料理に興味がなかったと言ってもいい。でもこのおばさんのボルシチは少し違っていた。すべてが一口のなかに凝縮されている。旨さもやさしさも温かさも。それ以来、わたしのボルシチはこれ。ウクライナのおばさんが教えてくれたとっておきのボルシチをご紹介したい。

まずは材料。何をおいてもビーツだ。ボルシチのルビーのような色味、そして大地のような力強い香り。できれば生のビーツを使ってほしい。他の野菜もたっぷりと入る。玉ねぎ、セロリ、にんじん、キャベツ、ざく切りのトマト、そしてにんにく。肉は牛スネ肉を使う。にんにくはみじん切りにし、玉ねぎ、セロリは薄切り、にんじん、キャベツ、そしてビーツは細切りにする。

最初に牛スネ肉で出汁を取る。これが大事。牛スネ肉と水を鍋に入れ、ゆっくりと1時間半〜2時間ほど煮る。肉はほろほろっと柔らかくなり旨みたっぷりの出汁が取れる。圧力鍋なら20分もあればできてしまうので、お持ちの方はぜひ圧力鍋で。次に鍋にたっぷりのバターを熱し、ビーツ以外の野菜を最初に炒めよう。全体がしっとりと炒まったら、ビーツを加える。この瞬間が好きだ。鍋の中にビーツの赤色が広がると、家のガスコンロがまるで外国のキッチンみたいに見えてくるから、ここでいつもわたしはワクワクする。さあ、ここまで来たらあとはお鍋の仕事。牛スネ肉の出汁をほんの少し加え、ふたをして弱火。ゆっくり蒸し煮にする。この間に野菜は蒸気の中でおいしい汗をかく。これがまた旨みを作るので絶対に端折らないこと。15分経って鍋を開けると全体がルビー色に染まっている。そこに残りの出汁を加え、30分ほどコトコトと煮る。最後に柔らかくなった牛スネ肉を手でほぐして加え、温める程度に煮れば出来上がり。

ボルシチをおいしく食べるために絶対に守ってほしいのが温度だ。とにかく熱々。舌をやけどするくらいに熱いのがおいしい。器は必ず温めて、熱々のボルシチをたっぷりと注ぐ。サワークリームとディルを添えればそこはもうウクライナの冬のテーブルだ。

今回、皆川さんが選んだのは不思議な形の藍色の器。いわゆるお皿の形ではない器に初めてボルシチを盛り付けてみた。額縁で縁取られたような藍色の中に広がるルビー色。わたしのボルシチがまるでアートのようだ。ほっぺが赤くて肌が真っ白なあのふくよかなウクライナのおばさんは、これを見たらどんな顔をするかな。たぶん、あの時のようにこう言うだろう。

「とにかく熱々のうちに早く食べて！」

RECIPE　ボルシチ

材料（4～5人分）

牛スネ肉…… 800g
にんにく…… 1かけ
玉ねぎ…… 1個
セロリ…… 1本
トマト…… 大1個
にんじん…… 1本
キャベツ…… 4枚
ビーツ…… 2個
水…… 8カップ
バター…… 大さじ3
塩…… 小さじ2
こしょう…… 少々
サワークリーム…… 適量
ディル…… 適量

① 牛スネ肉と水を鍋に入れ強火にかける。沸騰してアクが出てきたら取り除きながら1時間半～2時間ほど煮て、肉が柔らかくなったら取り出しておく。途中水が少なくなったら足す（圧力鍋の場合は加圧20分、自然放置）。
② にんにくはみじん切り、玉ねぎは薄切り、セロリは斜め薄切り、トマトはざく切り、にんじん、キャベツ、ビーツは細切りにする。
③ 煮込み用の鍋にバターを熱し②のビーツ以外を炒める。
④ 全体にしんなりとしたら、ビーツを加えて炒め合わせる。ビーツの色が全体に馴染んだら、①のスープをほんの少し加えふたをして15分ほど弱火で蒸し煮する。
⑤ ①のスープを全量（④の鍋に入る量）注ぐ。30分ほど弱火で静かに沸騰させ続ける。
⑥ ①の肉を大きめにほぐし⑤に加える。さらに10分ほど煮て塩、こしょうで味を調える。
⑦ 盛り付けて、サワークリームとディルを添える。

PLATE　大嶺實清さんの鉢

沖縄の陶芸家・大嶺實清の鉢。脚や大きさから本来の用途は食器以外かもしれない。1980年に「読谷山窯」を立ち上げ現在も沖縄で制作を続ける作家の大らかで力強い作風が表れている。

いちごのキューブサンド
日本の古いフリルの平皿

見た目もおいしいいちごのキューブサンド

皆川明

坂田さんの料理はいつもどこか懐かしい記憶と繋がって、その思い出とともにいただくことが多かったけれど、今回のいちごのキューブサンドは僕の思い出とはかすりもしなかった。昨今のフルーツサンドブームは、街の景色の片隅にあって知ってはいたが、僕自身の体験として作ったり食べたりしてみたことはなかった。朝食ではいつもパンとフルーツは別々に食べている。でもフルーツサンドがそれと大きく異なるのは、クリームというパンとフルーツを取り持つ要素があること。これは作る上でも、味覚においても、食感においても重要だということが、今回作る工程を見て、実際に食べたことでよくわかった。きっとそんなことはフルーツサンドがお好きな方にとってはごく当たり前のことだと思うのだが。そしてもう一つ、断面のビジュアルのインパクトがフルーツサンドの魅力の何割かを占めているということも知った。坂田さんの料理の工程を見ていると、パンにのせるクリームとフルーツの量やバランスが、最後に切った時のビジュアルに向けられているのがよくわかる。

フルーツサンドはヨーロッパやアメリカなどの西洋文化圏でも日常的に食べられるものなのだろうか。それとも日本から始まって、それもいちご大福から発展して生まれたのではないだろうか……などと無知なる空想を巡らせてみる。今まで坂田さんが作ってくれたいわゆる洋食も、西洋から伝わり、その後日本で独自に発展してきたものが多かったので、このフルーツサンドもその系譜の中にあるのかもしれないなと思った。

器はそんな仮説と繋がりそうな、日本の古い皿を合わせてみた。渋い色目に貫入《かんにゅう》*が細かく入っているが、リムにはフリルの装飾が付いた、日本と西洋が混ざり合ったようなお皿だ。伝統や歴史が少しずつ変化していく時、そこには文化の出会いがあるように思う。それは日常への気付きでもあり、他文化への憧れやリスペクトでもある。フルーツサンドからは少々飛躍しすぎかもしれないが、いずれにしても日本で繰り返されるスイーツブームの枠にとどまることなく、フルーツサンドがサンドイッチの日本的な解釈として発展していくと面白い。

坂田さんのフルーツサンドはクリームが甘すぎず、いちごの酸味と甘みがしっかり感じられる程良いバランスで繋がっていた。おいしく作るだけではなくて、どんな料理でも坂田さんらしさがちゃんとある。さすがだなぁと感心してしまった。

*陶磁器の表面にできる釉薬のひび割れのこと。一種の装飾とみなされる

ベストワンフルーツサンド

坂田阿希子

　こんなことを言うのもなんだけれど、自分で作ったいちごのサンドイッチが、日本中のどこのフルーツサンドよりも好きだ。でも、フルーツパーラーやデパートの地下で見かければ必ず買ってしまう。昨今は街角にも専門店がたくさんできていて、どれどれ、と買ってみたくなる。しかしいつもどこか騙されたような気分になってしまうのだ。切り口にはフルーツがぎっしり並んでいるのに、パンの端っこのほうには何も入ってない。クリームさえほとんど塗られていないこともある。そんな中でも大好きなフルーツサンドもあって、銀座の某老舗フルーツパーラーのそれは、パンの薄さ、クリームの軽さ、フルーツの種類と切り方、どれも最高で、きちっと箱に詰められた姿も美しく可愛らしい。だけどやっぱり自分で作るいちごのフルーツサンドが好きだ。見えないところにもクリームをたっぷり塗って、いちごをぎっしり挟むことができる。だからわたしはいつも思う。フルーツサンドこそ、自分で作るのが一番おいしいのだと。

　材料も作り方もとてもシンプルだ。まずは食パン。シンプルで白いふんわりとしたクセのない食パンを選んでほしい。三角巾をキリッと結んだおばさんがお店に立っている、昔ながらのパン屋さんで毎日焼かれているようなイメージだ。パンに挟むクリームは、生クリームの乳脂肪分が意外に大事で、わたしは45パーセント以上のものを使用する。乳脂肪分が高いほうがクリームのキメが細かくなり切り口もしっかりとする。挟むフルーツによっては水切りをしたヨーグルトを少し混ぜると軽さが出る。砂糖の分量は好みだが、フルーツの甘みや酸味を活かすため、控えめがいいと思う。クリームは必ず氷水のボウルを下に当てて、ピンとツノが立つ8分立てまで泡立てる。いちごは旬のおいしくなってきたものを選ぼう。果肉が赤い種類を選ぶと美しい。食パンを並べ、まずは片面にクリームを薄く塗る。そこに丸ごとのいちごを並べる。十字に切ることを考えてその十字に沿って5粒並べる。さらに切り口から外れた隙間にもいちごを4粒。つまり、ぎっしりと9粒のいちごを並べる。これは贅沢だ。贅沢すぎてドキドキする。そこにまたクリームをたっぷりとのせて、いちごの隙間までクリームが入るようにパレットナイフで押し付けるように塗っていく。もう1枚のパンでサンドしたら、さらに側面の隙間にもしっかりとクリームを塗ること。ラップで包み冷蔵庫で1時間ほど冷やして落ち着かせよう。クリームがしっかりと定着したら、いよいよ出来上がり。熱湯で温めた包丁でまずは四方の耳を切り落とす。包丁は切るたびに温めて水気を拭く作業を繰り返す。ここで一度大きく深呼吸をして十字に包丁を入れる。パタンと寝かせて切り口を見てほしい。いちごの赤とクリームとパンの白。この色味の破壊力にワナワナと手が震える。

熱い紅茶をカップに注いで、さあ、一切れつまんでみてください。いちごの香りと甘みと酸味。口の中で広がるクリームの柔らかさ。それをパンがやさしく包み込む。必ずあなたのベストワンフルーツサンドになることをお約束します。

RECIPE いちごのキューブサンド

材料（2〜3人分）

食パン（8枚切り）…… 4枚
いちご …… 18粒
生クリーム（乳脂肪分が高いもの）…… 200cc
グラニュー糖 …… 40g
ヨーグルト …… 大さじ3〜4
（1時間ほど水切りしておく）

① 生クリームにグラニュー糖を加え、ピンとツノが立つ8分立てまで泡立てる。水切りしたヨーグルトを加えて混ぜる。
② 食パン4枚を並べ、①のクリームを塗る。そのうち2枚のパンには、いちごを切り口に沿って十字に5粒並べる。さらに切り口から外れた隙間にも4粒並べる。
③ 上からたっぷりとクリームをのせ、いちごが隠れるまでならす。いちごの隙間までクリームが入るようにパレットナイフで押し付けるように塗っていく。
④ 残りの食パンでそれぞれサンドして上から軽く押さえ、ラップでしっかりと包む。冷蔵庫で1時間ほど落ち着かせる。
⑤ 熱湯で温め水気を拭いた包丁で四方の耳を切り落とし、切り口にいちごがくるように十字に切り分けて盛り付ける。

PLATE 日本の古いフリルの平皿

国内で手に入れたアンティークの平皿。作者や制作年代は不明。全体に入った細かな釉薬のひび割れと、渋い色合いが味わい深い。縁のひだ飾りの愛らしさとの対比が面白い。

ポークカツレツ
さざ波模様の黒いガラス皿

坂田さんのカツレツ　世界のカツレツ

皆川明

ポークカツレツは日本の洋食という印象があるけれど、僕にはミラノで食べるミラノ風カツレツが馴染み深い。それには甘みの強いトマトとルッコラが添えてあったりする。叩いて薄くなった豚肉をカリカリに揚げてあるカツレツは、イタリア気分と日本の洋食への懐かしさの両方の気持ちを満たしてくれる。

僕はお肉の中では牛や鶏に比べて、豚肉が好物らしい。しゃぶしゃぶ、角煮、しょうが焼き、ポークソテーに今回のカツレツといずれも好きだ。その確固たる理由はわからないのだが、豚肉の材料としての柔軟さだろうか？　蒸しても焼いても煮てもいいし、いろんな調味料にも馴染んでくれる。もちろん牛や鶏もそれは同じなのだから、ただ単に好みの問題なのだと書いていて気付かされる。

話は変わるが、カツレツの語源はフランスの côtelette（コートレット）から来ているらしい。カツレツという響きが、あのサクサクカリカリ感と重なってインプットされているせいか、すっかり日本語に聞こえてくる。

さて、坂田さんのポークカツレツはどんな姿と味なのだろう。食べ慣れた料理を新たな期待とともに食べるのはわくわくするものだ。作っている様子を見ていたら胃袋がくすぐられるのを感じ始めた。油の中で気泡が弾ける細かな音を聞いていると、楽しみでつい早く引き上げてほしいという気持ちになってしまう。そうして目の前に現れたのは、サクサクカリカリが聞こえてきそうなこんがりとした衣を纏った、どこかの大陸を思わせるような姿だった。ソースはトロトロすぎずサラサラすぎず衣にスッと染み込む絶妙の塩梅。付け合わせは日本のカツレツには欠かせないキャベツの千切り。脇に添えずにカツレツの上に盛ってみた。器は作家名を失念してしまったけれど、普段から重宝している彫り跡のしっかりした表情の黒いガラスの皿を選んだ。気取らない料理が少しハレの気を含んで見えますように。

いよいよ賞味してみると、一口食べた瞬間に自分の胃袋が膨れてスペースを空けるのがわかるくらい、食べるほどに食欲が比例して増していくようなおいしさ。衣の香ばしさとそれに包まれた豚肉の甘みの一体感、そこに濃厚で深みがあるのにサラッとしたソースのアシストが加わり、思わず幸福感に包まれる。この味を習得したら、旅先でいろんなアレンジや副菜を考えてその土地独自の○○風カツレツをぜひ世界中で作ってみたい、そんな気持ちにさせられる一品だった。

カツレツはサクサク軽やかに

坂田阿希子

豚肉にパン粉の衣を纏わせこんがりと揚げた、言わずと知れた「とんかつ」。日本の料理というイメージがあるが、元々はフランスの仔牛肉を揚げた料理から変化を遂げた日本の〝洋食〟だったようだ。「とんかつ」と聞けば白いご飯とお味噌汁と一緒にお箸で、そして「カツレツ」だったらナイフとフォークで食べたい気がする。似ているようでどこかが違う、とんかつとカツレツ。とんかつなら、厚めの豚肉に生パン粉をふんわりたっぷりとつけ、肉の甘みをしっかりと感じるように仕上げたい。一方カツレツなら、薄く伸ばした豚肉に細かくしたパン粉をつけてカラッと揚げ、サクサクとした歯触りと軽さを味わいたくなる。

その昔、銀座のある洋食屋では「カットレット」というメニュー名で、薄く伸ばした豚肉を細かいパン粉で揚げたカツを出していた。金色の縁飾りのお皿からはみ出さんばかりの薄いカットレットは、まさにフランス料理のコートレット。わたしはとんかつももちろん大好きだが、最近はこの薄いカツレツに心惹かれている。肉の繊維も柔らかくなり、ぺろりと平らげてしまう軽やかなカツ。これにはぜひウスターソースを。またはレモンをキュッと搾っただけで食べるのもよい。今日はこの薄く揚げたカツレツをご紹介したい。

まず豚ロース肉を用意する。少し脂の多いリブロースで作ってもおいしいが、綺麗なピンク色の赤身のまわりに少しだけ脂の入ったロースの部分がこの料理には合う。脂身と赤身の間には筋があるので揚げ縮みを防ぐために丁寧に切り目を入れておく。ラップを肉の上に敷いて、肉たたきや麺棒などで外側に向かってリズミカルに叩く。そうするとどんどん肉が伸びて、最初の倍くらいの大きさにまでなる。そこに少し強めに塩、こしょうをする。このこしょうが意外と大事。黒こしょうではアクセントがつきすぎて軽やかな味わいの邪魔をするので、ここは挽きたての白こしょうを使うべし。小麦粉、溶き卵、そしてサラサラに細かくしたパン粉の衣を付けよう。細かいパン粉の作り方は簡単。ドライパン粉をフードプロセッサーで撹拌するのが一番早いが、保存袋などに入れ、その上から麺棒でつぶすようにしてもいい。そしていよいよ揚げに入る。揚げ油は揚げ物の味を大きく左右する大事な要。わたしはラードを使用する。ラードは動物性の脂だからか温度変化が少ない。素材を入れても温度が下がりにくく、なによりその風味が素晴らしいので、洋食の揚げ物にはぜひともラードをおすすめしたい。植物性の油で揚げるよりも断然サクサクで軽く、風味よく仕上がる。揚げたてをお皿に盛ったら極細で歯触りのよい千切りのキャベツを添えて。ウスターソースをまわしかけ、熱々を食べよう。

小学生の頃、『天皇の料理番』というドラマが大好きだった。後に天皇の料理番となる秋山徳蔵という料理人の話なのだが、何をやっても続かなくて逃げ続けてきた徳蔵が、初めて食べたカツレツのおいしさに涙を流し、この一枚のカツレツから人生を変えていく。

料理にはそんな力があると思うし、実際わたしも、最近あるカツレツに涙が出るほどの衝撃を受けた。その話はまた今度。

RECIPE　ポークカツレツ

材料（2人分）

豚ロース肉（とんかつ用）…… 2枚（約300g）
キャベツ（千切り）…… 適量
塩 …… 適量
白こしょう …… 適量
小麦粉 …… 適量
溶き卵 …… 適量
パン粉 …… 適量
揚げ油（サラダ油1：ラード1）…… 適量
ウスターソース …… 適量
レモン …… 適宜

① 豚ロース肉は筋に切り目を入れる。ラップを上に敷いて肉たたきや麺棒などで外側に向かって叩き、薄く伸ばす。
② 少し強めに塩、白こしょうをする。
③ 小麦粉、溶き卵、パン粉の順で衣を付ける。パン粉はドライパン粉をフードプロセッサーで攪拌するか、袋に入れて麺棒でつぶし、サラサラに細かくする。
④ 油できつね色に揚げる。
⑤ 揚げたてをお皿に盛って、千切りキャベツを添える。ウスターソースをかけて、お好みでレモンを搾る。

PLATE　さざ波模様の黒いガラス皿

作者、制作年不明。一見、漆で仕上げた木製の皿のようにも見える、ほとんど光を透過させない黒いガラスの皿。特徴的な深めの彫り跡を皆川が「さざ波模様」と名付けた。

クラブハウスサンド

安藤雅信さんと皆川 明の〝風のお皿〟

景色を想像して食べるクラブハウスサンド

皆川明

クラブハウスサンドは僕の好物のひとつだ。実際には、僕はゴルフやカジノはしないので、由来のようにクラブハウスで食べたことはない。それでもホテルに泊まった時など、重い夕食が必要ない時やレストランを予約するよりはもう少しリラックスしたい時に、インルームダイニングのメニューからクラブハウスサンドを見つけて頼むことがある。サンドイッチの中でも、クラブハウスサンドのようにトーストしたパンに具材を挟んでいるものが僕は好きだ。トーストのザクッとした食感と、具材のきゅうりやレタスのひんやりとしてシャキッとした歯応え、香ばしいベーコンの塩味、そしてトマトの酸味と甘みのバランスが味覚として全方位性を感じさせてくれる。坂田さんはこのハーモニーが壊れないように、具材を重ねる順番を決めていた。こういうひと手間がおいしさに繋がるのだなといつものように合点する。

そして今回の器は、安藤雅信さんのB品として眠っていた皿に、僕が「風」の風景を描いたものを合わせてみた。精緻さや造形的な完全さがない、どこか揺らいでいるようなものを合わせた方が、遊びの合間の食べ物として生まれたクラブハウスサンドのリラックスした空気に沿うような気がしたからだ。デザインや料理は、それ単体としての完成度や魅力があるものだけど、それをどのように使うか、どんな状況で食べるかという場や意識によってその魅力は何倍にもなるし、時には生かされない場合もある。だからこそ物としてだけを見るのではなくて、それがどんな環境で生かされてどんな体験に繋がるのかを想像していたい。坂田さんの料理が持っている繊細かつ大らかな魅力を、どんな器で受け止めたり呼応させたりできるかを考えることは、そんな想像を基に始まっている。

このクラブハウスサンドにはスコッチハイボールを合わせてみたらどうだろう。遠くに広がるハイランドの景色を思い浮かべて、そこにある伝統的なクラブハウスで食べる。そんなことを想像してみたら楽しくなりそうだ。味覚や音楽は空想ととても親密だと思う。そこから生まれる感情は、人の暮らしを照らして幸福感を紡いでくれる。その景色をデザインという物や場が視覚化したり、体験を具体化することが人生の記憶となっていく。その一つひとつの営みがより豊かに、印象的な一コマになるように、小さな瞬きを見つめていたいと思う。

サンドイッチ界の王様

坂田阿希子

クラブハウスサンドイッチ。なんといってもわたしはこの名前が好きだ。「クラブハウス」という響きはなんとなく肩の力の抜けた高級感が漂って、カジュアルな中にもどこか折目正しい感じがする。わたしが初めてこのサンドイッチを口にしたのは祖母と泊まった東京のホテルのルームサービスだった。薄いパンはさっくりとトーストされていて3枚重ね。それぞれの具材がお行儀よく調和してキリッとした佇まい。エレガントささえ感じる。「こ、これは……サンドイッチ界の王様ではないか！」と子供心に思ったのだ。それ以来、わたしは必ずと言っていいほど、ホテルに宿泊したらルームサービスにこれを頼む。そうして少しずつ自分の好みのクラブハウスサンド像が出来上がってきた。

まずは食パン。このホテル風クラブハウスサンドは、必ず角食パンで作ること。薄い12枚切りの食パンを2組分で6枚用意する。具材はベーコン、鶏肉、卵、トマト、きゅうり、レタス。ベーコンは厚めに切りフライパンでこんがりと両面を焼く。鶏肉はわたしはもも肉を使用するが、胸肉でもおいしい。どちらにしても身の厚いところは包丁を入れて厚さを均一にするように広げ、塩、こしょうをする。フライパンにオリーブオイルを熱し、皮目から中火でゆっくりじっくりと焼いていく。脂が出てくるので、拭き取りながら焼くと脂っぽくならずにカリッと仕上がる。皮目が焼けたら裏返し、弱火にして1、2分火を通す。ふたをする時間は短いほうが皮目がぱりっと焼き上がる。焼き上がったら薄めにそぎ切りにしておこう。卵はこわし卵。これは目玉焼きをサンドイッチにする際に、必ずわたしがやる方法。フライパンに卵を落としたら黄身を壊してぐるぐるっと混ぜる。黄身がまだらになって焼けるから、どこを食べても黄身と白身が味わえる。トマトは極薄切り。きゅうりも斜めに薄切りに。レタスは冷水に浸してぱりっとさせたら水気をしっかりと切る。

いよいよ組み立てだ。トーストしたパンの片面にからしバターを塗る。わたしはいつもイギリスのコールマン社のマスタードを使う。さすがサンドイッチの国、イギリス老舗の味わい。サンドイッチにぴったりと寄り添うからしバターになる。そしてこのサンドイッチ、挟む順番がとにかく大事。1枚めにはレタス、ベーコン、そしてこわし卵を。2枚めのパンはからしバターを塗っていない面にマヨネーズを塗り、その面を下にして卵に重ねる。ここでからしバターの面が上になる。その上にケチャップを塗り、こんがり焼けた鶏肉。ケチャップと鶏肉がぴたっと重なる。その上にトマト、きゅうりをのせ、最後のパンはからしバターの上にマヨネーズを重ねて塗り、その面を下にしてきゅうりに重ねる。これにて完成。手のひらで軽くぎゅっと押し、ピックを刺して対角線に4等分にする。さあ、この三角形の一切れを立ち上がらせてみれば、その切り口はまばゆいくらいに輝いているはず。

ところでクラブハウスサンドというものは、紳士にとてもよく似合うと思う。ホテルのバーで見かけた紳士は、お髭の端にマヨネーズなんかつけたりして、ウイスキーを片手になんともかわいい表情で食べていた。

RECIPE　クラブハウスサンド

材料（2～3人分）

ベーコン（厚切り）……2枚
鶏もも肉……1枚（約250g）
卵……2個
グリーンカール……2～3枚
（レタス、サニーレタスでも可）
トマト……1個
きゅうり……1/2本
食パン（12枚切り）……6枚
塩……少々
こしょう……少々
オリーブオイル……適量
サラダ油……少々
バター……40g
からし……小さじ2
（コールマン社のマスタードがおすすめ。和からしの場合は小さじ1/2～1）
ケチャップ……適量
マヨネーズ……適量
ピクルス……適宜

① ベーコンはフライパンを熱してこんがりと両面に焼き色がつくまで焼く。
② 鶏もも肉は身の厚いところに切り込みを入れて開き、厚さを均一にする。塩、こしょうをしてオリーブオイルで皮目から焼き、ペーパータオルで脂を軽く拭き、裏返してさらに色づいたら弱火にしてふたをし、中まで火を通す。焼き上がったら薄めのそぎ切りにする。
③ サラダ油を熱したフライパンに卵を割り入れ、黄身をつぶして両面焼きにする。
④ グリーンカールは冷水に浸してパリッとさせたら水気をしっかりと切る。トマトは5㎜厚さに切る。きゅうりは斜め薄切りに。
⑤ バターとからしを混ぜておく。パンは軽くトーストし、それぞれ片面にからしバターを塗る。
⑥ パンの1枚めにグリーンカール、ベーコン、卵。2枚めのパンのからしバターを塗っていない面にマヨネーズを塗り、その面を下にして卵に重ねる。2枚めのからしバターの面にケチャップを塗り、鶏肉、トマト、きゅうりの順にのせ、3枚めのパンはからしバターの上にマヨネーズを重ねて塗り、その面を下にしてきゅうりに重ねる。挟む順番が大切。具材と調味料の相性をよく考えながら重ねていく。
⑦ 手のひらで軽くぎゅっと押し、ピックを刺して対角線に切り分ける。ピクルスを添えて盛り付ける。

PLATE　安藤雅信さんと皆川明の〝風のお皿〟

岐阜県多治見市の陶作家・安藤雅信のいわゆるB品の器に、皆川が絵付けをして再生させるプロジェクト「A LITTLE B / LET IT B」で制作された。刷毛で払ったような模様が風を思わせる。

梅肉煮

大嶺實清さんの水玉の器

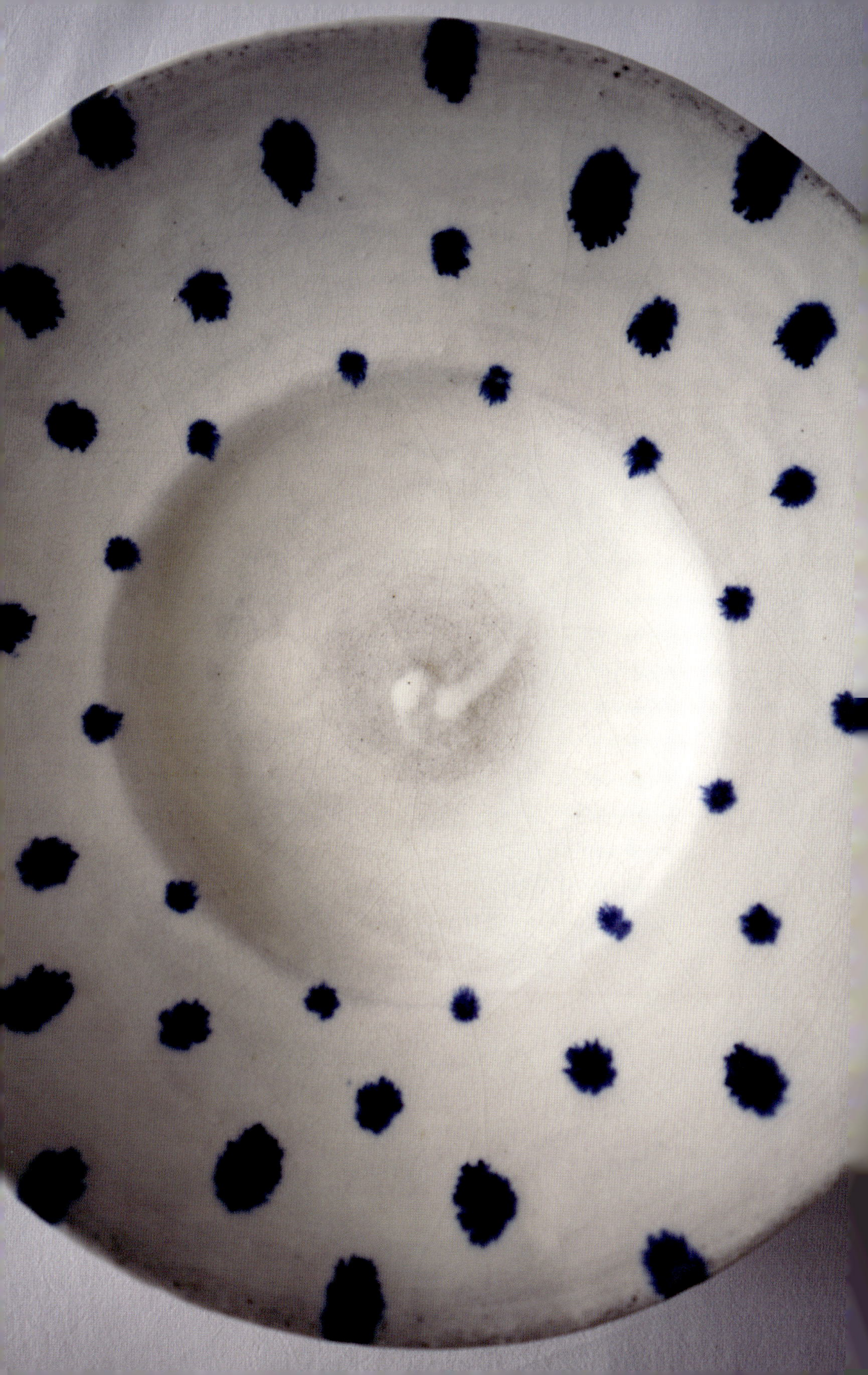

爽やかな酸味と甘さがおいしい梅角煮

皆川明

もうしばらく作っていなかったことさえ忘れてしまっていたが、料理を始めて楽しくなってきた頃、僕はよく豚の角煮を作っていた。わざわざ泡盛を買ってきて鍋でゆっくり煮るのが好きだった。豚の肩ロースが時間とともに柔らかくなり、脂を含んだ汁が煮詰めるほどにとろみを増して艶やかになっていく。その様子を見るのが好きだという友人もいて、その友人が遊びにくる時は豚の角煮を作るのが定番になっていたほどだ。

今回坂田さんが角煮を作ると聞いて、懐かしいと同時に、ちょっと照れくさい気持ちになった。それは仲の良かった友達としばらく会わないうちに、お互いの環境が変わってしまい、話が合うだろうかと不安になる感じと似ているかもしれない。しかも今日のそれは梅角煮だという。僕の知っているラフテーと呼ばれる沖縄の郷土料理の角煮より、どこか垢抜けてさっぱりと身繕いした洒落者のような響きがある。坂田さんの作る懐かしさを感じさせる料理たち。それはただ空腹を満たすためのものではなく、子供の頃とは違う大人の自分が、思い出を振り返り、その懐かしさを深呼吸しながら味わうためのものだと僕は思う。きっと今日の梅角煮も、僕がミナを始めて間もない頃や、料理の楽しさを知った頃の風景を思い出させてくれるだろう。

その梅角煮と合わせたくなったのは、やはり沖縄の大嶺實清さんのお皿で、梅へのオマージュとして水玉模様のものを選んだ。沖縄へは何度も足を運んだが、いつも新しい発見と憧れと懐かしさが入り混じった感覚になる。沖縄で出会う人の生き方に感動し、自分に足りないものに気付かされ、心が解放されていく。大嶺實清さんはその中でも特に、僕の人生に大きな影響を与えてくれた人だと言える。だから僕は大嶺さんの器を使う時、出会えたことへの感謝の気持ちを抱くのだ。

そんな大切なお皿に盛った梅角煮に、一緒にぐつぐつと煮た卵の鮮やかな黄身のまん丸が添えられた。久しぶりの友達が変わらず気の合うままで安堵したようなうれしさが、おいしそうな煮汁の匂いとともに湧いてきた。口に頬張ると、かつての友達との時間が蘇ってきた。小さなバンガローのような家にぎゅうぎゅうに集まってくれた友達。夢はあったが未来は霧の中にあった頃、それでも勝手に希望だけは膨らんで、いろんなことを語り合っていた。梅の爽やかな酸味と煮汁の甘さとよく似ている気がして、なんだかおかしかった。

梅角煮はさっぱりと

坂田阿希子

小さい頃から梅干しがとても好きだ。実家ではいつも祖母が梅干しを漬ける。赤紫蘇もたっぷり入った、真っ赤でとても塩辛い梅干し。そんな梅干しが今でもなんだか懐かしくて好きだ。2階の日当たりのいい廊下に梅を干していると、香りが部屋いっぱいに広がって、おひさまの匂いや、梅の横で昼寝をしていた猫の柔らかいお腹の毛並みまで思い出す。梅干しを作っている時の匂いは、懐かしさも通り越して、切ないような遥か遠くの記憶を蘇らせるのだ。

わたしも祖母のように赤紫蘇を入れて塩辛く漬けていたのだが、最近は赤紫蘇なしで塩分も少し控えめにした梅の白干しを好むようになった。しかし、毎年漬けているのに今でも時々失敗してしまう。皮がふっくらと柔らかくならなかったり、種離れが悪くて果肉もかたくなったり。そんな失敗梅干しは料理に使うに限る。この梅角煮もわたしの失敗梅干しから生まれた。

さて作り方。まずは豚バラ肉だ。脂と肉が層になっていて、肉もしっかり厚いところを塊で選ぶ。煮ているうちに脂が溶け出して縮むから、どかんと大きく切り分けること。5センチ角ほどにしたら、これをしっかりと焼き付ける。フライパンを強火で熱し、脂の部分を下にして並べ、時々返しながら全体を焼く。余分な脂が驚くほどに出てくるから、ペーパータオルで拭き取りながら焼いていく。焼き目が付いたら取り出して鍋に移す。焼き付けてから煮込むのが、煮崩れも防いでさっぱりと仕上げるポイントだ。ここからいよいよ煮込み。まずはひたひたに水を加えて煮立て、沸騰したらざるに上げて湯を捨てる。つまりゆでこぼし。こうすることでさらに余分な脂を取り除ける。これもさっぱりポイント。今度は酢。たっぷり入れるとおいしい。酸味はさほど残らないのに、お肉は柔らかくさっぱり仕上がる。またまたさっぱりポイント。つまりはわたし、角煮は「さっぱり」しているのが好きなわけだ。ほどよく脂が落ちて、肉は柔らかいが食感もしっかり。酸味が角煮全体の輪郭を作り上げる。落としぶたをしてゆっくりと30～40分煮よう。ここまでで豚肉はほぼ柔らかくなっている。残った煮汁に調味料を加え、梅干しを加える。2、3個、もしくはもっと入れてもいい。赤紫蘇の入らない白干しのほうが合うと思うが、どちらでも大丈夫。さらに20～30分煮ていく。

あとは仕上げだけ。角煮を作る時に一番胸躍る時間だ。つるりとむいたゆで卵を加えて、火を強めながら全体に照りが出るまで煮詰める。酒とみりんと醤油という「おかず的調味料」がくつくつと煮詰まっていく様子は本当に最高。ぐぐぐーっとお腹が空腹のベルを鳴らし、照り照りの角煮が笑顔で歌い出す。煮汁が少なくなってきたら火を止める。この状態で少し休ませると豚肉も落ち着いて、ゆで卵にもしっかり味が入る。食べる時に軽く温めて盛り付けよう。お酒はもちろんだけど、白いごはんにも最高に合う。

去年の梅干しはとてもよくできた。だからわたしの失敗梅干しも底をついてきたけれど、ああ、今週の休みには、とっておきの去年の梅干しを使って絶対に梅角煮を作ろう。今、これを書きながら思う。

RECIPE 梅角煮

材料（4人分）

豚バラ塊肉…… 1.5kg
しょうが…… 大1かけ
梅干し…… 2～3個
卵…… 2～3個
酢…… 1/2カップ
水…… 500cc
酒…… 大さじ2
みりん…… 大さじ2
砂糖…… 大さじ2
醤油…… 大さじ4

① 豚バラ塊肉は5㎝角に切る。しょうがは皮付きのまま薄切りにする。
② フライパンを強火で熱し、豚肉の脂身を下にして並べ、時々返しながら全体を焼き付ける。出てきた脂はペーパータオルなどで拭き取る。
③ 焼き目がついたら鍋に移し、水（分量外）をひたひたに加え、沸騰したら5分ほど煮て一度ゆでこぼす。
④ 鍋をさっと拭いて豚肉を戻し、しょうが、酢、水を加えたら、落としぶたをして30～40分ほど煮る。
⑤ 煮汁に、梅干し、酒、みりん、砂糖、醤油を加える。落としぶたの上に鍋のふたをし、弱火でさらに20～30分ほど煮る。
⑥ 別鍋でゆで卵を作る。お湯が沸騰してからきっかり6分ゆでて、殻をむく。
⑦ ⑤にゆで卵を加え、火を強めて照りが出てくるまで煮詰める。煮汁がなくなってきたら火を止める。この状態で少し休ませる。

PLATE 大嶺實清さんの水玉の器

沖縄の陶芸家・大嶺實清の大皿。沖縄の焼き物、やちむんらしい青の釉薬で描かれた水玉模様が特徴。自由で軽やかに感じる筆遣いの巧みさは、長年の鍛錬に裏付けられている。

トマトサラダ
サンフランシスコで買った真鍮の大皿

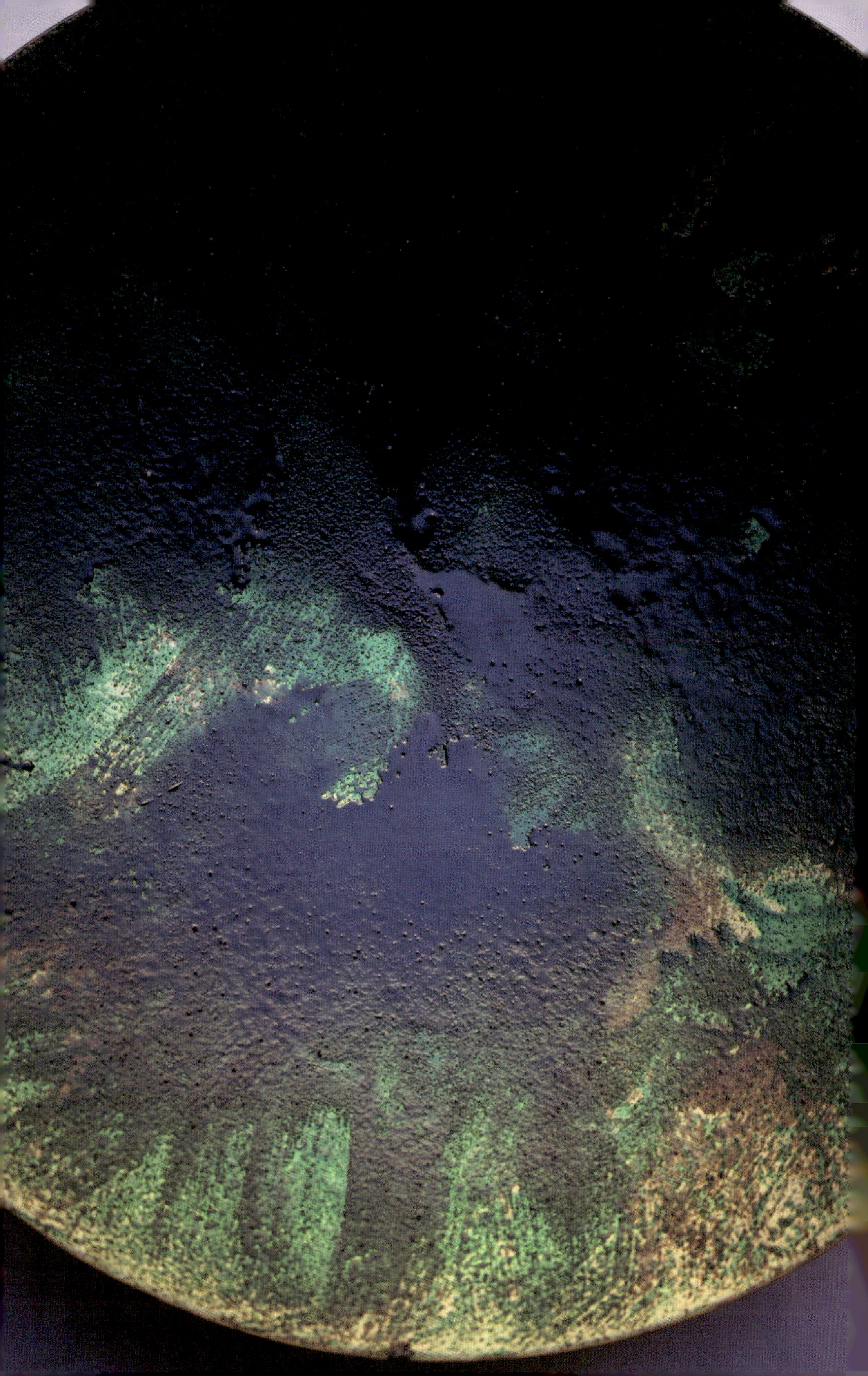

色とりどりのトマトサラダ

皆川明

日本の野菜は収穫地が時期によって段々と北上してくるから、産地で季節を感じることができる。でもそれは有機野菜に限った話かもしれない。スーパーなどで野菜や果物の糖度が表示されるようになってから、競うかのように野菜も果物も甘さを追求したものが多く流通するようになった。イタリアのマルシェへ行くとトマトには何種類もの形や色があって、それぞれの特徴をみんなが心得ているから、料理によって酸味や甘みや水分量の適したものを選んでいく。マルシェの売り手が「何作るの?」と聞いてくれたりもする。

それはそうと、僕にとってトマトは子供の頃のケチャップであり、学生時代のナポリタンであり、いつも少しB級の味の中にいた。それを変えたのは、ある日古本屋で見つけた雑誌『四季の味』の一ページだった。美しいガラスの器に盛られた丸ごとのトマトに4つか8つの切れ目が入っていて、上に少し塩が振られている。その写真を目にした時に料理の概念が変わった。単に食材を調理するだけではなくて、器と響かせるまでが料理なのだと気付いた。調理は手間がかかっていればいいのではなく、その材料の作られ方や特性を知って、食べる場を考え、どんなふうに食べてもらうかが大切なのだと理解した瞬間だった。

僕は朝食でトマトをよく食べる。それは食べたい、切りたい、盛りたい、という気持ちからだ。

その日のトマトをどう食べたいか。そんな大層なことではないけれど、それでも輪切りなのか、くし切りなのか、何等分にするのか、ドレッシングはどうして、お皿はあれかこれかと考えているうちに目が覚めてくるのが結構楽しい。

今回のトマトは輪切り。輪切りはトマトの味が一番口の中に広がる切り方だ。それに、ドレッシングをベースにゆで卵と玉ねぎを合わせている。とっても健康的で、栄養のバランスも良さそうだ。シンプルで日常的な食材だから、器は大胆で非日常的なものを合わせてみようと、ロサンゼルスのビンテージショップで見つけた、真鍮に釉薬をかけた大皿を用意してみた。アイスランドの苔むす大地のようなお皿の景色にトマトの合わせがミスマッチで面白かった。ミスマッチだから笑ってしまう、という感じは時々は食卓にあってもいいなと思っている。調和の対極にある忘れたくない遊び心として。毎朝見慣れたトマトがそわそわドキドキしているように見えてくる。

トマトサラダはおいしくて、美しい

坂田阿希子

冷蔵庫の中には、いつもトマトがある。そしてそのトマトはたいてい、サラダになる。このトマトサラダが大好きだからだ。何もしたくない夜、ワイン一杯にトマトサラダ。カレーを食べる時にもこのトマトサラダ。朝のトーストにトマトサラダ。ごはんと味噌汁の朝食にだってこのトマトサラダを登場させる。

このサラダは、何度も読み返している石井好子さんの『巴里の空の下オムレツのにおいは流れる』に登場するトマトのサラダをヒントに作るようになった。このエッセイ集はとても長い年月、多くの人が読み続けている本だと思うが、わたしもその一人。この中に出てくるレシピをヒントにして作った料理も数多くある。詳しいレシピが書いてあるわけではないが、色合いや香りや食感などをうっとりと想像できて、ベッドの中で読んだりしているとうっかりお腹が空いてきて困ってしまう。とにかく大好きな本だ。今日はこの本に出てくるトマトサラダをアレンジした、わたしのトマトサラダをご紹介しよう。

まずトマト。実のしまったかためのトマトの、お尻にうっすら縦に線が入ったものを選ぶ。これはスターマークと呼ばれ、トマトが水っぽくなくて糖度が高いものほど白くはっきりと出るのだとか。このようなトマトであれば言うことはないのだけど、いまひとつのトマトもこのサラダにするととてもおいしく食べられる。トマトを輪切りにして器にずらりと並べる。よく切れる包丁でスッと薄めの輪切りに。キリッとした切り口もおいしさの一つだ。玉ねぎは細かいみじん切り。ゆで卵も白身と黄身に分けてどちらも細かくみじん切りにする。パセリもみじん切りにして用意しよう。

肝心なのはビネグレットソース。石井さんの本では、酢、油、塩、こしょうを混ぜただけのシンプルなドレッシングだったと思うけれど、わたしはもう少しとろりと重たいソースにする。材料はディジョンマスタードに赤ワインビネガー、塩、白こしょう、オリーブオイル。そして隠し味に砂糖をひとつまみ。赤ワインビネガーを使うと酸味が飛び出しすぎず、旨みのあるコクが出せる。そして最後の砂糖で全体がまあるくなる。このビネグレットソースはわたしの定番で、キャロットラペやきゅうりのサラダ、またポークソテーや蒸し鶏なんかにもよく合う。

あとは仕上げだけ。ずらりと並べたトマトの上にこのビネグレットソースをまわしかける。その上に玉ねぎ、ゆで卵、そしてパセリを散らして出来上がり。玉ねぎはそのままで十分だが、もしも辛みや香りが気になる、という方は少し水にさらして使ってもよい。

さて、今回の皆川さんの選んだ器は、まるで宇宙から地球を見下ろすような碧い皿。そしてとてもとても大きい。8個分のトマトがすっぽりと収まった。碧い地球に並べられた赤いトマト、卵の黄色やパセリの緑。地球って美しい。そんな気持ちになった。

大きな大きな地球のお皿に盛り付けられた8個のトマトのサラダは、この日あっという間にみんなで平らげた。そのくらい軽やかでおいしくて、そして美しい、おすすめのサラダです。

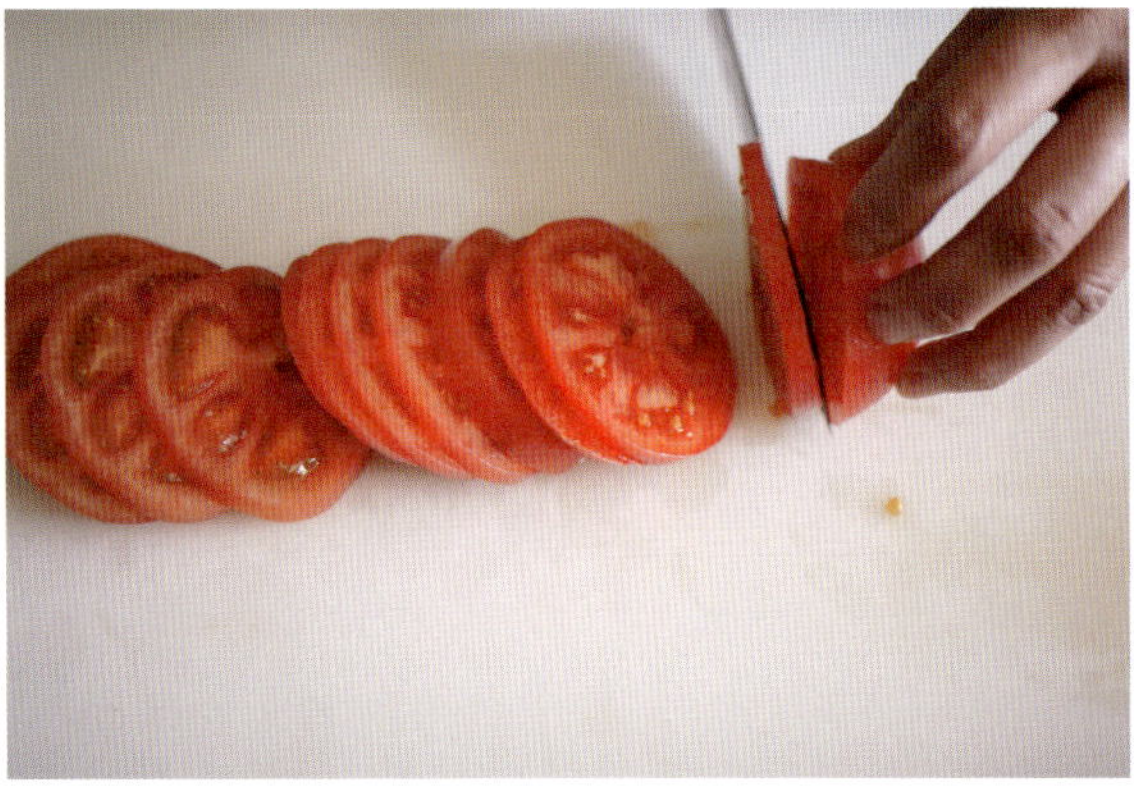

RECIPE　トマトサラダ

材料（2人分）

玉ねぎ …… 1/4個
卵 …… 1個
パセリ（みじん切り）…… 大さじ1
トマト …… 2個
ビネグレットソース
　ディジョンマスタード …… 小さじ2
　塩 …… 小さじ1/2
　白こしょう …… 少々
　赤ワインビネガー …… 小さじ2
　オリーブオイル …… 大さじ3
　砂糖 …… ひとつまみ

① ビネグレットソースを作る。ボウルにディジョンマスタード、塩、白こしょう、赤ワインビネガーを入れ、塩が溶けるまでよく混ぜる。オリーブオイルを少しずつ加え、とろりと乳化するまで混ぜる。砂糖を加えて混ぜる。
② 玉ねぎはみじん切りにする。卵はゆでてみじん切りにする。
③ よく切れる包丁でトマトを5～8㎜の薄めの輪切りにする。
④ トマトを器に盛り付け、ビネグレットソースをかけ②を散らす。

PLATE　サンフランシスコで買った真鍮の大皿

サンフランシスコのビンテージショップで購入した大皿。真鍮にガラス質の釉薬をかけ表面の凹凸や色彩が生み出される、いわゆる日本の七宝と同じ技法で作られている。

レモンのパスタ

高橋禎彦さんの吹きガラスの平皿

シンプル爽やかレモンパスタ

皆川明

レモンパスタを初めて食べたのは、イタリアのファッションスクールを代々営む友人の紹介で、ナポリにシャツを作りに行った際に連れて行ってもらったレストランだったような気がする。ナポリの陽射し、イスキア島の海とレモン畑、そしてレモンチェッロ。なにかとレモンを想像させる景色と記憶が繋がっているのかもしれない。地元のオリーブをつまんで、モッツァレラにスズキのグリル、そしてレモンパスタ。海やプールで泳いでは、水着のままテラスで食べる気ままな休日。このメニューを坂田さんが作ると聞いてから、懐かしいイタリアの思い出が炭酸水のようにシュワシュワと湧いてきた。

そういえば、日本ではほとんどレモンパスタを食べたことがない。それなのに、そんな料理まで作れる坂田さんはやっぱりレパートリーが広い。それはおおらかとも言えるかもしれない。きっと舌の好奇心がとても強い人なのだろう。そしてその舌で覚えた味が少しずつ坂田流になっていくのがとっても素敵なことだと思う。レモンパスタは小気味良い手順でサッサッと作られていって、最後にはオリーブオイルとパルミジャーノチーズとレモンが乳化し、一体感をもってパスタに絡んで出来上がった。

このシンプルなパスタには高橋禎彦さんの乳白色でオーバル形をしたガラスの器を合わせてみ

ることにした。ミルクをこぼしたようなそのお皿は、シンプルな料理が安心していられるような気がする。高橋さんのガラスは洋食器の磁器の白さとも違い、有機的で白に深さを感じさせてくれる。今回のパスタとレモンとパルミジャーノのやわらかなイエローとほのかに調和していた。ヒコイワシの酢漬けやじゃがいもを蒸してつぶしたものとも合うかもしれない。

そうやって一皿の料理は、旅の記憶やそこでの景色を思い起こさせてくれるから、味覚というのは奥深いものだと常々思う。「おいしい景色」というタイトルで始まったこの連載は、料理や味から広がる思い出の景色や空想の景色を旅することを思って名付けた。日々当たり前のように食べる食事も人生の景色を振り返る大切なものだし、特別な場所や旅先での出会いの中で食する食事も、人生を豊かにしてくれる大切なものだと思う。一回一回の食事のおいしさを口の中で味わうように、心の中でもしっかり人生のおいしさ、楽しさを味わいたいと、この連載であらためて気付かされたような気がしている。

目が覚めるようにすっぱいパスタ

坂田阿希子

「ああ、もうお腹がいっぱいだ〜」と涙目になっている友人に、「これを食べたら一からやり直せるよ」と言い残してキッチンに向かい、10分後に一皿の料理をテーブルにトンと置いた。友人は恐る恐るフォークでこれを巻き取り口に運ぶ。目が飛び出しそうなすっぱさと軽い苦み、そしてなんとも爽やかな香りにわあわあと叫びながら、とうとう一皿すべて平らげ「なんだかスッキリした！」と一言。それがこのレモンパスタである。わたしの大のお気に入り。そしてわたしの作る料理の中でもとびきりにすっぱい料理だろう。

レモンのパスタというと、それまでクリームソース仕立てのものを食べることが多かった。爽やかな香りに生クリームとチーズのまろやかな口当たり。でもなんだかやさしすぎるのだ。もっとガツンと目の覚めるようなレモンのパスタってどうかな。ずっとそんなふうにも思っていた。ある時テレビをなんとなくぼんやりと見ていたら、イタリアのアマルフィを紹介していて、レモンパスタが登場した。レモンの皮をたっぷりと練りこんで手打ちのパスタを作る。果肉はソースに。なんておいしそう、どんな味わいなのだろうかとうっとり想像した。そのアマルフィのレモンパスタのイメージを形にしたのが、このわたしのパスタ。手打ちパスタで試したいところだが、乾麺で手軽に。そして果肉はたっぷりと使う。まずにんにく、パセリをみじん切りに。レモンの皮をすりおろして、残った皮の白いところをきれいにむいたら果肉はざく切りにする。オリーブオイルににんにくを加えてゆっくりと香りを出していく。ここでレモン果肉。強火でザーッと炒めていく。みるみる汁気が出てきてあっという間に形がなくなってくる。そこにパスタのゆで汁、バター、パルメザンチーズをおろして加えると、乳化してとろりとしたソースになる。もう見ているだけで唾液が出てくる「パブロフの犬」状態だ。このソースには断然細めのパスタがいい。ゆでたてのパスタを加えてフライパンをあおりながら和える。最後にレモンの皮も加える。

あっという間に出来上がる。急いで出来立てを頬張ろう。このパスタのすごいところはとにかくすっぱいところ。目が覚めるようにすっぱい。でもレモンの果肉の苦さや香りや酸味をここまで感じられるのはなかなかいい。そして不思議なことにどんなにお腹がいっぱいでも、なぜだか食べた後はスッキリと、全く重たさがない。むしろ少しお腹が空いてくるくらい。我が家で食事をして「お腹いっぱい！」となった友人をびっくりさせるために、いや、スッキリさせるために、このパスタを時折作る。なのでその効果は実証済みである。この破壊的な酸味の旨さと食後のスッキリさをぜひともお試しいただきたい。

さて、今回の皆川さんの器は白いガラス。表面がゆらりと静かな水面のような皿。ここにレモンのパスタを盛り付けたら、まだ見ぬアマルフィの街並みをなんとなく想像した。青い地中海に面したレモン街道。断崖に並ぶ白い壁の家々。いつか必ず訪れて、本物のアマルフィのレモンパスタを食べてみたい。アマルフィのパスタもこんなに目が覚めるようにすっぱいかな。

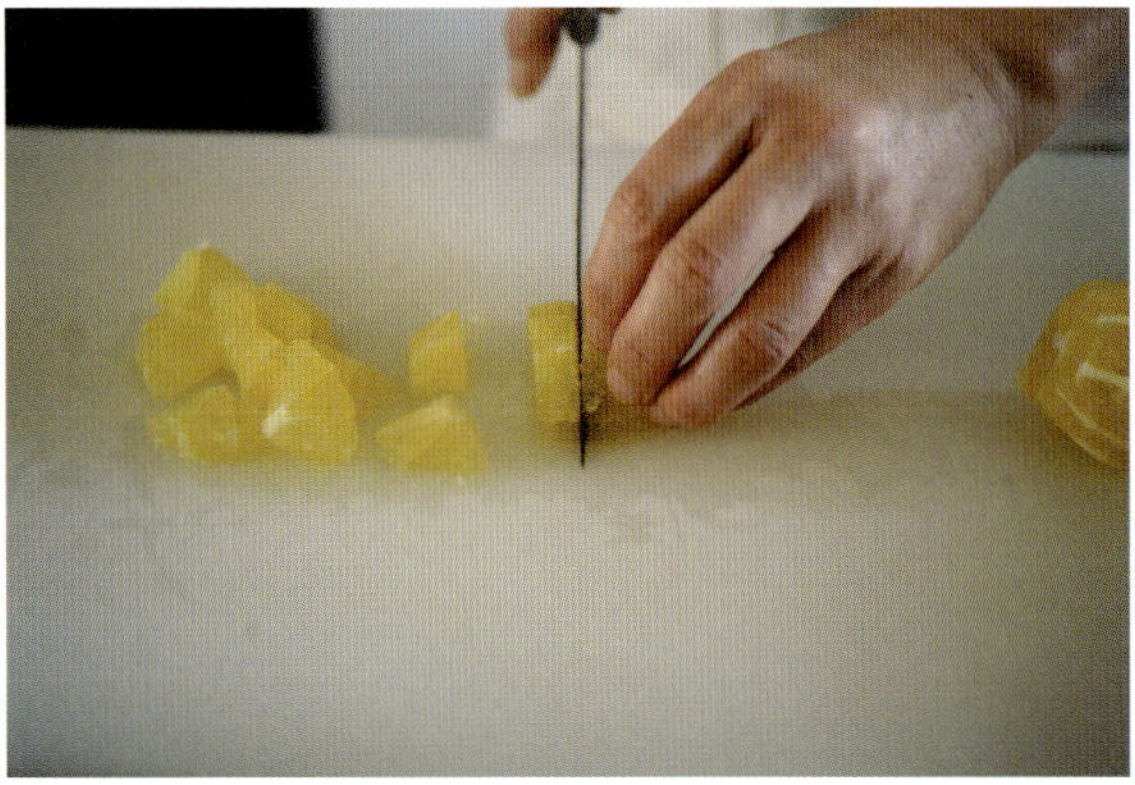

RECIPE　レモンのパスタ

材料（2～3人分）

レモン（国産）…… 1個
にんにく …… 1かけ
スパゲティ（1.6㎜）…… 160g
パルメザンチーズ …… 大さじ2
パセリ（みじん切り）…… 大さじ1～2
オリーブオイル …… 大さじ3
パスタのゆで汁 …… 80～100㎖
バター …… 50g
塩 …… 小さじ1/2～2/3

① レモンは最初に皮の黄色い部分をすべてすりおろし、残りの白くなった皮を包丁でむく。果肉は1㎝角程度のざく切りにする。にんにくはみじん切りにしておく。
② スパゲティを塩（分量外）を加えたたっぷりの湯でゆで始める。スパゲティは細めがおすすめ。
③ フライパンにオリーブオイルとにんにくを入れ、全体がうっすらと色づき香りが出るまで炒める。レモンの果肉を加えて強火でザーッと炒め、汁気が出てきて形がなくなってきたら、パスタのゆで汁、小さく切ったバター、おろしたパルメザンチーズを加えてフライパンをゆする。
④ 少しとろみが出てきたら、塩とパセリの半量を加えてゆすり、スパゲティをゆで汁を切って加える。
⑤ すりおろしたレモンの皮の半量を加え手早く和えて、塩（分量外）で味を調える。
⑥ 器に盛り付け、残りのパセリとレモンの皮を上にのせ、パルメザンチーズ（分量外）をぱらっとかけて出来上がり。好みでさらにレモンの皮の細切りをかけても。

PLATE　高橋禎彦さんの吹きガラスの平皿

神奈川県相模原市のガラス作家・高橋禎彦の皿。色ガラスに透明なガラスを層状に被せ成形する内被せという技法によって、表面に釉がかかっているような艶のある質感になっている。

ステーキプリッツ
小山剛さんの漆の平皿

憧れの厚切りステーキフリット

皆川明

ステーキフリットは僕の好物のひとつだ。それは、若い頃ホームステイしていたヴェルサイユ・リヴ・ゴーシュの街中にあるカフェで、たまにご馳走としてステーキフリットを食べた時の何とも言えないワクワク感から繋がっているものかもしれない。おいしい記憶というのは、重なっていくような気がする。おいしかったり楽しかったりという時間が次の〝食べたい〟に繋がり、その時の記憶がまた次の食の機会に繋がっていく。そうしているうちに、自分の好物としてしっかり根を張っていくんじゃないかと思っている。

僕にとってのステーキフリットはそんなに上等なものではなくて、場末感を漂わせた新聞とハウスワインとカラフェに入った普通のお水が似合うものがちょうど良かった。年を重ねるほどに、そういう記憶の中にあるおいしい景色が恋しくなるのは、自分の昔のアルバムを懐かしむような郷愁からだろうか。時にいただく創意工夫に満ちた厳選された素晴らしい料理にももちろん敬意と感動の気持ちが湧いてくるけれど、そうしたもののおいしさとはまた違うのが記憶の中のおいしい景色なんだと思う。

今回の坂田さんのステーキフリットは立派なものだった。それはそれでありがたく、新たなステーキフリットの思い出に繋がるかもしれないとワクワクしてくる。巷にはお肉を焼くということとにこだわりを持った人が多いものだと日頃から思っていたけれど、こうして微妙な焼き加減や火の入れ方を見ていると、どんな世界にもシンプルなものほど奥が深く、独自の世界観があるものだと気付かせてくれる。

そんな料理には小山剛さんの木製の平皿を合わせてみた。漆の塗られた表面にはノミ跡が風紋のように静かに重ねられている。偶然というには精緻なリズムでもあり、意図的というには有機的なその表情に小山さんの感性を感じる器だ。盛り付けてみると、僕が初めて食べたステーキフリットとは違う立派なステーキフリットに仕上がった。ポテトも月形でしっかりとしたボリュームで添えられた。思っていたものと違う時は少々ガッカリするものだけれど、今回のこの一皿は懐かしさではない憧れ感があって「君も大人になったんだから」と背中をポンと叩かれるような新しいワクワクを感じられた。

世にもシンプルなすばらしきご馳走

坂田阿希子

今日はとにかく肉を焼こうかな。そんなふうに思い立つことがよくある。食いしん坊の友人のために、時には自分だけのために。わたしが習慣的に作るもの、それはステーキフリットだ。とってもシンプルなようでいて、どんなお肉をどう焼くか、どんな時に食べるか、重要な料理だ。

まずはポムフリットの用意をしよう。わたしはメークインを使う。キメが細かくて甘みのあるこのじゃがいもがとてもよく合う。丸ごと皮付きのまま、ゆでるか蒸して完全に火を通す。そしてここが大事なポイント。すっかりゆで上がったじゃがいもを一晩冷蔵庫で寝かすのだ。そうするとじゃがいもの澱粉が増えて、ねっちりとする。それにより周りはカリッと、中はほっくり甘く揚がる。ねっちりじゃがいもを切り分けて揚げ油でじっくりと揚げていこう。揚げ油にはラードを混ぜる、ということもお忘れなく。

そしていよいよステーキを焼く。ステーキフリットといえばサガリと呼ばれる部位を使うのが一般的。フランスではこの部位をバベットという。このような赤身の部位がいい。わたしは赤身のランプ肉を使う。まずは冷蔵庫から出しておき室温に戻すこと。これが大事だ。冷蔵庫から出したてだと火の入り方が悪くなる。オリーブオイルかサラダ油をフライパンにたっぷりめに熱する。ここにお肉を投入。事前に塩はしないこともポイントだ。ジャーッという音とともに、肉の焼けたいい匂いが広がってくる。この時、肉の上面はまだ生の状態。ここで上面にまず塩をする。しっかりめに粗塩をふろう。最初から塩をふると塩の部分が最初に焦げる。この焦げは余計なのだ。しっかりと焼き色がついたら裏返す。そこからはフライパンを傾けて池のようになった油をスプーンで繰り返し肉にかけていく。肉は下からも上からも熱が入り、さらにいい香りを放ちながら焼き上がっていく。全面がこんがりと色付いてきたら、そっと表面を指で押してみる。指先に集中して、フニャッと奥に柔らかさを感じたならレア。ボムッと抵抗感を感じるのはウェルダン。そしてその間で好みの状態を見極めていく。わたしはレア気味のミディアムが好きなので、少々フニャッとしたところで肉を立ててフライパンの端に追いやって、火を止める。側面から余熱の火がゆっくり入っていくので、ここで好みの状態になるまで休ませる。

焼き上がったお肉をまな板に移し、よく切れるナイフでスッと肉を切っていく。パタンと倒して少し血の滲むようなピンク色を見ると、わたしはうれしさでいつも叫び出したくなる。最高の焼き加減！　焼いた肉の断面ってすごく魅力的だ。本能が呼び覚まされる感じ。皆川さんセレクトの夜の森のような漆黒の器に並べた時、わたしは軽い興奮を覚えるほどだった。

さて、世にもシンプルなすばらしきご馳走、ステーキフリットの完成だ。とっておきのワインを用意して、空腹でありつこう。できればヘトヘトに疲れていたりするといい。疲れた時に食べるステーキの味わいは最高に美味であると同時に、自分が動物であることを思い出させてくれる。一口ごとに生気が湧いてくるのだもの。それもまたステーキの魅力的なところだ。

RECIPE　ステーキフリット

材料（2人分）

牛肉（ランプ肉）……2枚
（1枚あたり約150～200g）
ルッコラなど好みの葉野菜……適量
オリーブオイルまたはサラダ油……大さじ2
塩……適量
黒こしょう……適量

① 牛肉は焼く2～3時間前に冷蔵庫から出し、室温にしっかり戻しておく。焼くまで塩はしないこと。
② フライパンにオリーブオイルを引き、よく熱して、まずは片面を焼く。生の状態の肉の上面に塩、黒こしょうをする。しっかり焼き色が付いたら裏返す。
③ 牛肉をトングで立てて側面にもしっかりと焼き色をつける。フライパンを傾け、時々油をかける。押さえた時の弾力がフニャッとしていれば中はレア。弾力が強くなればなるほど火が通っている。好みの焼き加減に仕上げる。すぐに切り分けず、火から下ろして5分ほど置く。
④ 盛り付けるお皿はオーブンなどに入れ温めておく。
⑤ 牛肉を切り分けて盛り、好みの葉野菜とポムフリットを添える。

ポムフリット
材料

じゃがいも……4～5個
揚げ油（サラダ油1：ラード1）……適量
塩……適量

① じゃがいもは丸ごと皮付きのまま竹串がスッと通るまでゆでて、冷めたら冷蔵庫に入れ、できれば一晩寝かせる。じゃがいもの糖度が増し実が詰まり、切り目がキリッとする。
② 皮ごとくし切りにする。
③ 鍋に揚げ油を熱し、180℃になったらじゃがいもを入れる。
④ 時々混ぜながら、じゃがいもの水分が抜けこんがりと色づくまで揚げていく。
⑤ 最後に火を強めてカリッとするまで揚げる。塩をしていただく。

PLATE　小山剛さんの漆の平皿

長野県で活動する木工作家・小山剛の四角い平皿。木材から形を彫り込んでいく刳物《くりもの》という技法で作られた、木目を活かしたリズムのある彫跡が特徴。黒漆で仕上げられている。

フルーツケーキ
ロイヤルコペンハーゲンの桃の器

景色が浮かぶフルーツケーキ

皆川明

フルーツケーキ。この響きには、子供の頃、アルコールが入っているからということで、食べさせてもらえたり、もらえなかったり、どこか得体の知れない大人の食べ物で、ちょっと遠くにあるおいしいものという印象があった。そしてついに大人になり、最近では幸運にも料理家、または飲食店を営む知人友人が多くあることから、色々なフルーツケーキをいただく機会も増えている。そしてフルーツケーキには多種多様、様々なものがあることに気付くのだ。そもそもフルーツケーキはその名のとおり、〝フルーツが入ったケーキ〟というとても抱擁力のあるものだから、その条件を満たすことは容易かもしれない。プロの世界は入り口が広く奥が深いものだ。

作り方は至ってシンプルで、レシピに沿えばそれなりの姿や味にはできそうだ。そこから先、自分のスタイルや目指す仕上げに向かうところがクライミングの如く、険しく長い道のりなのだろうと想像する。ドライフルーツやお酒の種類、加減、ケーキの焼き具合、寝かせる時間……その他様々なバランスを少しずつ自分のものにしていく過程は、布作りに照らしてみるとその深みが実感できる。そして、食べる側の好みもまた細分化しているような気がする。フルーツの漬け具合や、レーズン系、イチジクや柑橘系などの種類、それらの組み合わせ方、仕上げのしっとり感など、それぞれの好みが分かれるところだろう。

おいしいという感覚は、そもそもつくり手といただく側との味覚の相性に依るものだろう。絶対値がない味覚だからこそ、それぞれの主観で感じる〝美しい〟という文字を〝オイシイ〟という言葉に当てたのではないかと思っている。

坂田さんのフルーツケーキは、東欧の古い街並みの中、家族経営で代々続いているお店のそれのような懐かしい味がした。親が作ってくれた味を覚え、「それを再現して作り続けているだけですよ」と言っているような味がするなと思った。それは、坂田さんの料理にいつも感じる感覚だ。坂田さんが旅や日常の中で味わったおいしさを、坂田さんの味覚の引き出しにしまっておいて、それらを自分なりに調合しているみたいな感じがするのだ。そんなフルーツケーキに僕は、ロイヤルコペンハーゲンの珍しい桃の絵付けの大皿を合わせてみた。貫入が繊細に張り巡らされた中に桃の絵が大胆に描かれている、温かみのあるお皿だ。大きなケーキの金型から抜かれたフルーツケーキがそこに収まると、まるで東欧の家族の団欒の時間に、代々受け継がれてきたケーキをお母さんが焼いて運んできたような景色が浮かんでくるのが面白かった。

クリスマスに思い出を

坂田阿希子

フルーツケーキを焼こう。フルーツケーキだけは、突然こう思いついてもすぐには焼けない代物である。1年以上かけて、ドライフルーツをお酒に漬け込みゆっくりと熟成していくのを待ち、その香りがまるくこっくりとなったところで、ようやくフルーツケーキを焼く準備が整う。

トルーマン・カポーティの「クリスマスの思い出」では、主人公の少年バディとその親友、老婆のスックが1年かけて貯めこんだお小遣いで様々な材料を用意していく。主役のフルーツにバター、砂糖に小麦粉、ピリッと効いたしょうがにバニラ、密造されたウイスキー、そしてレモンをたっぷりと。わたしはこの小説が大好きで、読むたびに胸が切なくなる。でもその都度、このウイスキーやバニラ、レモンにしょうがが効いたフルーツケーキを焼いてみたくなるのだ。

わたしのフルーツケーキにレモンがたっぷりと入るのは、実はこの小説を読んでからである。しょうがを入れてウイスキーで仕上げてみたこともあるが、今のレシピに落ち着いた。ポイントはフルーツを1年以上ブランデーに漬け込むこと。それと、バディとスックのように〝最高の楽しいこと〟として作ること。そう、だからクリスマスのために作るのがぴったりなお菓子なのだ。これさえ守れば難しいことは何もない。それでとびきりにおいしいケーキが出来上がる。

まずはドライフルーツの準備から。干しあんずにいちじく、レーズン、プルーンなど好みのものを混ぜてかまわない。バニラビーンズのさやなどがあれば一緒に漬け込む。そしてひたひたになるまでブランデーを注ぐ。ふたをして1年ほっておくだけ。今すぐに漬け込んで今年のクリスマスに焼きたい！という方でもぜひやってみてほしい。できれば来年のためのフルーツにしたいところだけど。他には赤や緑のドレンチェリーを用意するが、こちらは漬け込まずにそのまま。なんだか懐かしいくらい鮮やかな緑や赤のさくらんぼだが、これが意外といい。くるみはローストしておく。いよいよケーキの生地を作る。

――卵の泡立て器がおどり、さじがバターと砂糖のはいった鉢の中でキリキリ舞いを演じます。ヴァニラの甘い香りがあたりに立ちこめます。ピリッとしたショウガの匂いもまざります。プーンとくるおいしい匂いがお勝手にみちて、屋敷じゅうへひろがってゆきます。さらに、煙突からもくもくと吐き出される煙にのって、となり近所へも漂ってゆきます――

（「クリスマスの思い出」訳・龍口直太郎より）

バターは室温で柔らかくしておき、きび砂糖を加えたらボウルの中できりきり舞いを演じさせ、ふんわりと白くなるまですり混ぜる。砂糖はきび砂糖のような風味のあるものが合う。卵は泡立て器を踊らせてよくほぐし、分離しやすいので少しずつ混ぜていく。もし少し分離してきたら、小麦粉を少量加えると元に戻る。ここでレモンの皮のすりおろしをたっぷりと加える。ふるった小麦粉とベーキングパウダーを加えたら、漬け込んだフルーツを混ぜていく。フルーツはあらかじめざるなどに上げて水気をしっかり切ったあと、分量外の小麦粉にまぶしておく。こうすると焼き上げた時にフルーツが沈みにくくなる。これを忘れると、オーブンで焼いている間にフルーツは重さでどんどん下に沈んでしまうのでお忘れなく。型の内側にはバターを薄く塗り、小麦粉を薄くまぶして余分な粉は落とす。生地を流し入れ、数回型ごと下に落として空気を抜く。そしてワクワクした気持ちでオーブンに入れよう。しばらくするとふんわりとレモンの香り、ブランデーの香り、そしてバニラの香りが立ち込めてくる。ああ、クリスマスが来た！　きっとバディもスックもそんな気持ちになるんだろうな。このケーキは焼き上がった時よりも、日が経つごとにおいしくなる。もしもクリスマスに合わせてこのケーキを焼くならば、1週間ほど前に焼き、じっくりと寝かせるといいかもしれない。ブランデーに漬け込んだフルーツたちがしっとりと生地に馴染んでいき、香りもぐっと深くなっていく。

さて、わたしはこれを書きながら、今年は必ずこのフルーツケーキをたくさん焼こうと思っている。1年かけて漬け込んだフルーツがあるのだ。長い時間をかけて準備をして焼き上げるケーキには特別の思いがこもる。それを誰かに届けられたらいいな。

そして「クリスマスの思い出」をもう一度読み返すのだ。

RECIPE フルーツケーキ

材料（直径18㎝のクグロフ型１つ分）

卵……3個
レモン（国産）の皮……1個分（すりおろす）
薄力粉……180g
ベーキングパウダー……小さじ2/3
レーズン……60g
干しあんず……40g
干しいちじく……40g
ドレンチェリー（赤、緑）……各5個
くるみ……60g（ローストして粗く刻む）
無塩バター……150g
きび砂糖……160g
バニラオイル……少々
ブランデー……少々

＊下準備
レーズン、干しあんず、干しいちじくなどのドライフルーツは、ブランデーやラム酒などに漬け込んでおく。1年でも、1カ月でも、1週間でも、1日でもいい。長く漬けるとそれだけ味わいは深くなるし、2～3日の漬け込みで軽やかに仕上げても。

型の内側にバターをうすく塗り、冷蔵庫に入れる。バターが固まったら小麦粉をふり、余分な粉は落としておく。

① ボウルに室温に戻したバター、きび砂糖を入れて泡立て器でふんわりと白っぽくなるまですり混ぜる。
② ①によく溶きほぐした卵を少しずつ加え、そのつど分離しないようにしっかりと混ぜる。レモンの皮とバニラオイルを加える。
③ 薄力粉とベーキングパウダーは合わせてふるい、②に加える。ゴムベラなどでしっかりと混ぜる。
④ レーズン、干しあんず、干しいちじく、ドレンチェリーに薄力粉（分量外）をまぶし、③に加えて混ぜる。大きいあんずやいちじくは刻む。薄力粉をまぶしておくと、焼いた時に下に沈まない。くるみも加えて混ぜる。
⑤ 下準備したクグロフ型に生地を流し、とんとんと下に数回落として空気を抜く。
⑥ 170℃に予熱したオーブンで1時間ほど焼く。焼き上がったら型から外し、熱いうちにブランデーを刷毛でさっと塗り、温かさが残っているうちにラップに包んで冷ますとしっとりと仕上がる。

PLATE ロイヤルコペンハーゲンの桃の器

デンマークの陶磁器ブランド、ロイヤルコペンハーゲンの大皿。桃の絵柄が職人の手描きで施され、金彩で縁取られた豪華で重厚感も感じさせる一枚。全体に細かな貫入が入っている。

おわりに　おいしい景色

皆川明

　料理には、日々の家の料理、外でハレの時に楽しむ料理など様々な目的があると思いますが、家での料理は、日々の暮らしの中に溶け込んで自身や家族の健康に気遣いながら、手間をかけ過ぎず簡素で栄養のバランスの取れたものが良いでしょう。また外での食事は、友人や知人、あるいはクライアントと親交を深めたり互いの想いを語り合ったりする大切なひと時でもあり、その場の雰囲気や料理人の工夫、素材を楽しむ体験としての特別感があります。

　どちらにしても、食事という時間の中で味覚を通した体験は日々を重ねる上で欠かせない大切な感覚です。そしてそれがおいしいと感じる意識は、身体を維持する栄養とともに心を豊かにしてくれる欠かせない感情だと僕は思います。食事という限られた時の中で、料理を味わう行為はとても身近なものかもしれませんが、その一口、その一皿のおいしさが一生忘れられなかったり、何十年経って再び口にした時に懐かしさと共に思い出されたりするものです。

そして、僕は坂田さんの料理というのは、家の食事がいつもよりおしゃれをして出掛けているようだと思うのです。家でも食べたことのある聞き慣れた料理ですが、いつもとは違う器に盛りつけられたその佇まいと、口にした時の、食べたことのないような、でもどこか懐かしいような、色々な感情が幾重にも重なって口の中に広がっていく感覚が新鮮です。坂田さんは仕込みをとても大切にされています。それは素材との対話でもあり、坂田さんの味覚の経験と記憶を素材に移していく時間でもあるように僕は思うのです。そんなことに僕は想像を膨らませながら器を選びます。その器たちは、僕の日常の食事で使われているものたちなのですが、なかでもその器との出会いの記憶や愛着のあるものたちを選びました。

料理と器を通して広がる「おいしい景色」は、食のひと時が紡ぎだす短編小説の物語のように感じます。読者の皆様にも、この本の一皿の「おいしい景色」や、レシピをお試しいただいた皆様それぞれの「おいしい景色」を楽しんでいただけましたら幸いです。

坂田阿希子（さかた　あきこ）

料理家。料理研究家のアシスタントを経て、フランス菓子店、フランス料理店で経験を積み独立。洋食を中心に幅広いジャンルの家庭料理や洋菓子を得意とする。2019年から代官山ヒルサイドテラスで「洋食 KUCHIBUE」を営業。同店では料理教室も開催している。2022年には地元の新潟県見附市にお菓子工房「BONJOUR KUCHIBUE」をオープン。『わたしの料理』（筑摩書房）など料理に関する著書多数。

皆川明（みながわ　あきら）

デザイナー。ファッション・テキスタイルブランド「minä（現minä perhonen）」を設立。日常に寄り添う普遍的なデザインを目指しものづくりをおこなう。2019年から始まった『ミナ ペルホネン／皆川明　つづく』が東京、兵庫、福岡、青森、台湾を巡回後、韓国にて『minä perhonen design journey: the circle of memory』を開催。2024年には皆川のデザインと繋がりが深い北欧の、スウェーデン国立美術館でも展覧会『DESIGN ＝ MEMORY』が開催された。

● 本書は雑誌『SWITCH』の連載「おいしい景色」の一部に
加筆・修正を加え、再構成したものです。

続　おいしい景色

2024年11月1日　第1刷発行

著者　坂田阿希子
　　　皆川明

写真　日置武晴
編集　土谷みずき
デザイン　中野ゆかり
発行者　新井敏記
発行所　株式会社スイッチ・パブリッシング
〒106-0031 東京都港区西麻布2-21-28
電話　03-5485-2100（代表）
www.switch-pub.co.jp

印刷・製本　株式会社シナノ パブリッシング プレス

本書へのご感想は、info@switch-pub.co.jp にお寄せください。

ISBN978-4-88418-648-7　C0095
Printed in Japan
JASRAC 出 2407042-401

スイッチ・パブリッシングの本　SWITCH LIBRARY

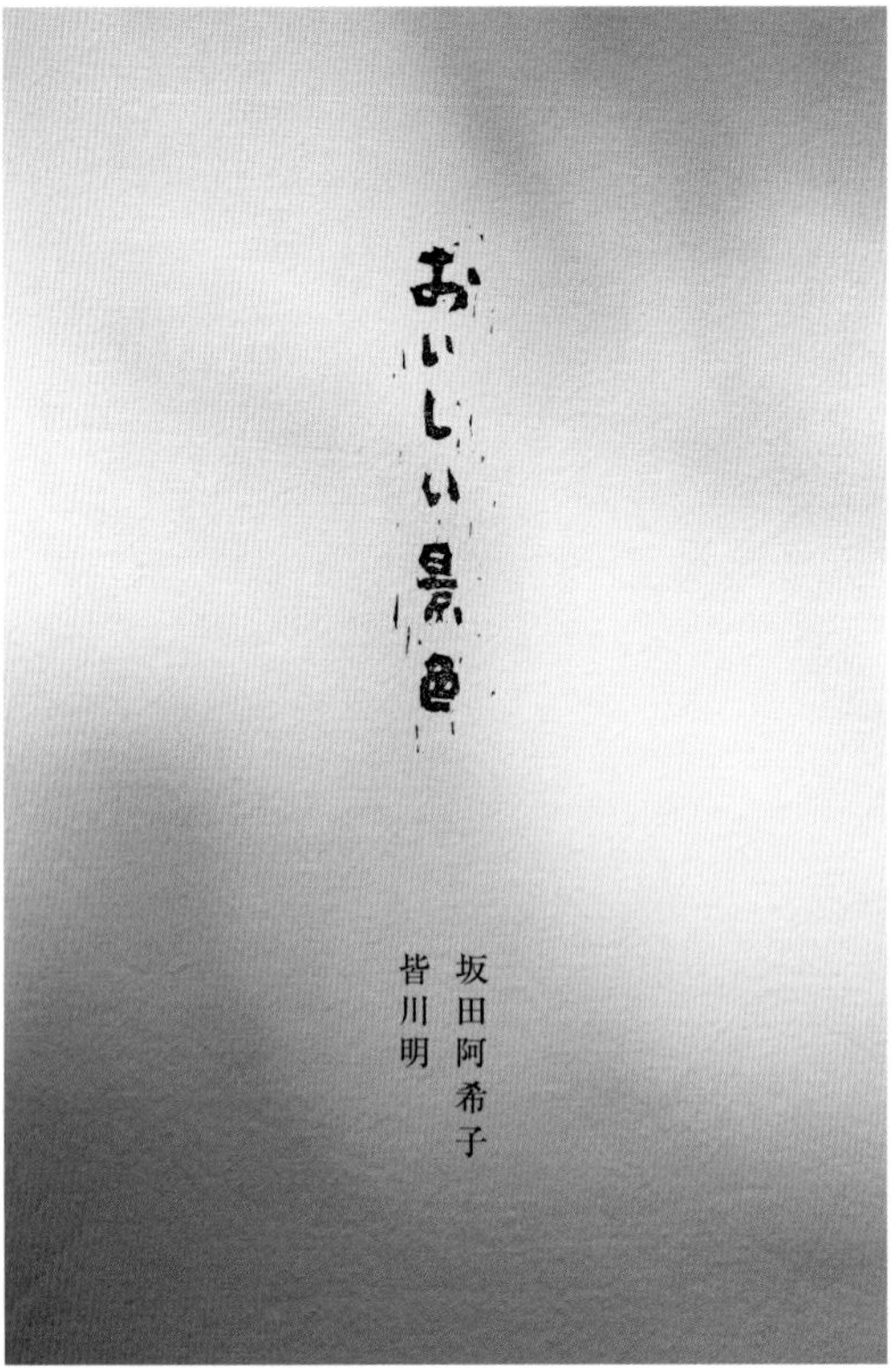

『おいしい景色』

坂田阿希子　皆川明

雑誌『SWITCH』人気連載の単行本化、第1弾。
坂田阿希子の料理に合わせて皆川明が器を選び、とっておきの一皿を作る。
ふたりの料理や器にまつわるエッセイを写真とともに味わう一冊。
全20品のレシピも収録。

176ページ　B5変形　定価2,200円(税込)

● お問い合わせ　スイッチ・パブリッシング販売部　TEL.03-5485-1321　FAX.03-5485-1322　www.switch-pub.co.jp